AF324463

BIBLIOTHÈQUE ATHLÉTIQUE
PUBLIÉE SOUS LA DIRECTION DE
G. DE SAINT-CLAIR

Football
(Association)

PAR

N. G. TUNMER

ET

EUGÈNE FRAYSSE

PARIS
ARMAND COLIN et Cⁱᵉ ÉDITEURS

FOOTBALL

(Association)

Football (Association). — Un match.

PETITE BIBLIOTHÈQUE ATHLÉTIQUE

Publiée sous la direction de M. G. DE SAINT-CLAIR

FOOTBALL

(Association)

PAR

N. G. TUNMER ET **EUGÈNE FRAYSSE**

(*Standard Athletic Club*)   (*Club Français*)

« L'art de vivre, c'est l'art de
jouer pour se fortifier et de se
fortifier pour bien travailler. »

JULES SIMON.

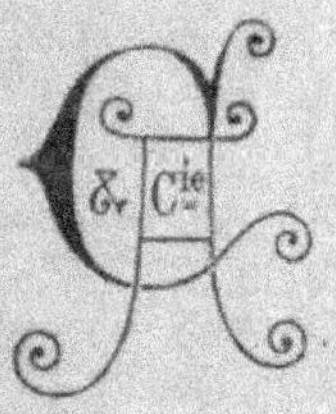

PARIS

ARMAND COLIN ET Cie, ÉDITEURS

Libraires de la Société des Gens de lettres

5, RUE DE MÉZIÈRES, 5

1897

AVANT-PROPOS

Le Football, *Rugby* ou *Association*, jouit de nos jours, tant à Paris qu'en province, d'une grande popularité ; grâce à la réglementation de l'Union, à l'instruction donnée par d'anciens joueurs et, aussi, grâce aux rencontres internationales qui deviennent de plus en plus fréquentes, les progrès obtenus ces dernières années sont tout à fait remarquables.

La réimplantation du football en France souleva, dès le début, de nombreuses et

acerbes critiques; ses adversaires n'ont pas
encore désarmé. Ils nous accusent tout
d'abord d'anglomanie, parce que nous
avons conservé à ce jeu son appellation
anglaise; ils arguent que le FOOTBALL n'est
autre que la *barette*, ou la *soule*, deux jeux
bien français, démarqués par nos voisins
d'outre-Manche. Le Football et la barette ont
vraisemblablement la même origine, mais
ils diffèrent en tous points dans la façon
de se jouer, comme l'écarté diffère du
whist, et le piquet du *poker*. La barette et
la soule furent pendant longtemps jouées
dans nos provinces du Nord et de l'Ouest,
mais la tradition en est perdue et leurs
règles, si celles-ci ont existé, ne sont jamais
parvenues jusqu'à nous. Force fut donc aux
partisans de la barette moderne, comme aux
joueurs de Football, d'adopter les règles du
jeu anglais, telles qu'une longue pratique
les avait façonnées; si bien que nous pour-
rions retourner le compliment et accuser de

démarcage les partisans de la barette qui jouent, d'après les règles anglaises, un jeu auquel ils ont donné un nom français.

Mais, après tout, ceci importe peu ; il y a là une querelle d'étiquette indigne des promoteurs d'une œuvre aussi intéressante que celle de la renaissance physique en France. Que ce soit le FOOTBALL, ou la barette avec ses règles anglaises, peu nous importe, pourvu qu'on y joue.

La seconde critique à laquelle les promoteurs du FOOTBALL en France furent le plus sensibles est celle d'avoir introduit dans nos mœurs scolaires « un jeu *brutal*, *dangereux* et *malsain*, peu fait pour les habitudes courtoises de notre race ». Sur ce seul point des flots d'encre ont été versés ; mais nos éminents contradicteurs qui, depuis six ans, ont eu l'occasion d'assister à maintes parties de Football, doivent reconnaître, s'ils sont de bonne foi, que ce jeu, joué entre gens bien élevés, n'a jamais dégénéré « en pugilat et en bagarres ». Il ne pourrait en être autrement d'un jeu où l'adresse joue un rôle bien plus considérable que la force brutale ; or un jeu d'adresse ne peut mériter l'épithète de brutal. Le FOOTBALL est un jeu violent, nous ne le contestons pas et, pour cette raison, il est inappréciable. La pratique même et le résultat final des jeux violents sont de dégager le superflu d'énergie animale que détient tout adolescent, et qui se traduit par des actes autrement dangereux pour le pays, et plus nuisibles à la santé, que les accidents qui peuvent survenir au FOOTBALL.

Nos adversaires nous opposent toute une statistique, venant d'Angleterre, de tués, de blessés et d'éclopés, à la suite de parties de Football. Admettant que cette statistique soit exacte, pour qu'elle fût complète et compréhensible, il eût été plus utile et plus loyal d'y ajouter deux éléments indispensables : le nombre de joueurs qui, tous les ans, pratiquent ce jeu dans le Royaume-Uni, et la classe de la société à laquelle appartient la majorité de ces joueurs. On ne doit pas oublier que, chez nos voisins, le FOOTBALL (*Rugby* et *Association*) est une forme toute nationale de l'exercice physique; il a cet avantage, sur tous les autres jeux, qu'il est très bon marché et à la portée de toutes les bourses, ce qui est à considérer lorsqu'il s'agit d'un jeu national. C'est une grave erreur de croire que le FOOTBALL est un jeu aristocratique. Les clubs les plus actifs et les plus importants sont composés de jeunes gens occupés dans le commerce, l'industrie, les grandes administrations, ou mieux encore, formés entièrement d'ouvriers. Ces clubs sont patronnés et subventionnés par les chefs des grandes maisons d'industrie, qui préfèrent voir leurs ouvriers jouer ce jeu sain et viril, au lieu de passer leur journée au cabaret pour s'occuper de politique et y fomenter les grèves. En hiver, le FOOTBALL

se retrouve partout : dans les écoles, dans
les casernes, dans les campagnes et, surtout,
dans les centres miniers. Il n'est donc pas
facile d'évaluer le nombre de joueurs qui,
tous les ans, pratiquent ce jeu [1]; les clubs
d'ouvriers et de mineurs sont innombrables.
Naturellement leurs instincts plus rudes,
leur force brutale, leurs manières peu
raffinées, influent sur leur façon de jouer.
Ils pratiquent un peu le FOOTBALL, comme
en France on jouait la *soule*, où l'on se
permettait de « tuer » son ennemi, sans
renoncer à ses Pâques, pouvu qu'on « prît
soin de le frapper comme par hasard ».
C'est parmi ces ouvriers que surviennent
presque toujours les accidents dont on nous
sert la statistique au commencement de
chaque hiver, accidents peu nombreux si

1. On verra au chapitre « Historique » le nombre des
clubs anglais jouant au Football (Association). Dans cette
statistique ne sont pas compris les équipes d'écoliers,
d'étudiants, les clubs militaires formés par les officiers
d'un même régiment, etc.

l'on tient compte que le FOOTBALL est uni-
versellement joué en Angleterre. Joué par
des ouvriers d'usine et des mineurs, le jeu
devient fatalement brutal et dangereux. Il
n'en reste pas moins ce qu'il est : un jeu
d'adresse, d'agilité, de sang-froid, auquel il
est permis de se livrer sans se départir des
règles de la courtoisie.

Le FOOTBALL peut être dangereux, nous
l'admettons. Mais quel est le sport, l'exercice
digne de ce nom, qui ne soit pas dangereux?
Qu'il s'agisse de la chasse à tir ou à courre,
de l'équitation, de l'escrime, ou du cyclisme, les accidents sont inévitables [1]. Le

1. Voici le relevé, d'après les compagnies d'assurances
anglaises, des accidents survenus en janvier et en juin, deux
mois représentatifs des sports d'hiver et d'été.

Janvier : équitation, 40; football, 23; chasse à courre, 19;
chasse à tir, 8; danse, 5; balle à la crosse, 2; boules, 2;
patinage, billard, tennis, golf, chacun un.

Juin : équitation, 40; cricket, 34; tennis, 17; aviron, 10;
natation, 6; patin à roulettes, 3; polo, 3; chasse à tir, 2;
boules et lutte, chacun un.

Les accidents par le cyclisme ne sont pas donnés dans
ce relevé; ils forment une statistique à part, en raison de
leur nombre considérable, nécessitant des assurances spéciales.

danger n'est-il pas un élément qui rend le sport plus attrayant et l'ennoblit? Si l'opposition qui est faite au FOOTBALL, en raison du danger qu'il présente, était justifiée, aucun de ces sports ne survivrait et nous n'aurions plus qu'à revenir au chat perché et à la marelle.

Le jeu est-il malsain? Pas plus qu'il n'est brutal. Cette accusation provient de ce que quelques joueurs ont été atteints d'affections pulmonaires, à la suite de parties de FOOTBALL. De pareils accidents se produiront évidemment plus souvent avec les jeux d'hiver qu'avec ceux qui se jouent pendant l'été; mais ils proviennent non pas du jeu même, mais bien de l'imprudence des joueurs. On ne peut se livrer à un exercice violent sans avoir chaud et sans attraper du mal si l'on se refroidit.

Et maintenant quels sont les résultats acquis par la pratique des exercices violents, du FOOTBALL entre autres? Pour un éclopé combien de milliers en ont bénéficié? Ils y ont gagné la santé et l'endurance à la fatigue, la force et la souplesse; et, comme qualités morales, l'énergie, le courage, l'esprit d'à-propos, la discipline, enfin par-dessus tout, le sens de la loyauté, du « franc-jeu », qualités qui font une nation grande, généreuse et brave.

Quelle que soit la réglementation que l'on adopte, celle du *Rugby* ou de l'*Association*, l'on trouvera dans le FOOTBALL un jeu des plus recommandables. Comme tous les exercices de plein air, comme tous les jeux de poursuite ayant pour caractère essentiel de forcer les joueurs à rivaliser d'adresse et de vitesse, il n'en est pas de supérieur à celui-là. Il met en œuvre les bras, les jambes, les poumons, développant à la fois la force, la souplesse et l'agilité.

Tel qu'il est joué de nos jours, le FOOTBALL est presque une science; du jeu de sauvages qu'il était autrefois, on en a fait un jeu de combinaisons variées. C'est la guerre, avec sa tactique : jeu d'attaques, de rencontres, de feintes, avec ses tirailleurs, ses soutiens et ses réserves; et, s'il en est qui le décrivent encore comme un « jeu de goujats », c'est qu'ils ne l'ont jamais vu jouer. Ils ne peuvent donc le comprendre.

C'est pourquoi jouez souvent au FOOTBALL, mes jeunes amis. Vous goûterez, dans ce jeu animé et excitant, un vif plaisir; vous pourrez y déployer les belles qualités de votre jeunesse. Il vous sera utile dans la vie, car il en est du corps comme de l'esprit. Si l'on vous fait apprendre le latin, les sciences ou la philosophie, ce n'est pas pour que, plus tard, vous puissiez appliquer ces connaissances à la vie usuelle; elles ne vous serviraient à rien. Mais ce sont de tels exercices qui donnent à l'intelligence toute sa souplesse et toute son élévation.

Si nous vous conseillons de jouer au FOOTBALL, ce n'est pas simplement pour que

vous sachiez y jouer; ce serait de peu d'uti-
lité dans la vie. C'est parce que ce jeu est
en soi-même une chose bonne et saine, qui
développe de viriles qualités en donnant
aux muscles toute la vigueur et l'élasticité
dont ils sont susceptibles.

G. DE SAINT-CLAIR.

FOOTBALL

(ASSOCIATION)

CHAPITRE PREMIER

HISTORIQUE

ANGLETERRE

Nous avons déjà, dans un des premiers volumes[1] de cette Petite Bibliothèque Athlétique, retracé longuement l'historique du Football dès son origine. C'était, on l'a vu, le *follis* des Romains, ballon fabriqué avec de l'*aluta*, ou cuir mou, préparé à l'alun, et rempli d'air.

1. FOOTBALL (*Rugby*), par G. de Saint-Clair et E. Saint-Chaffray.

Dès 1858 d'anciens élèves du collège de Rugby
et de l'école de Blackheath fondaient le fameux
« Blackheath Club » pour pouvoir continuer à
jouer le Football à la mode de Rugby ; à côté
d'eux s'organisaient les « Crystal Palace »,
« Civil Service » et « Barnes Clubs », conti-
nuant la tradition du jeu des Écoles. Le besoin
d'une réglementation unique se fit alors sentir ;
les clubs de Londres nommèrent un comité
ayant pour mission d'adopter un code uniforme
de règles. L'université de Cambridge qui, depuis
quelques années, jouait le jeu du *dribling*,
avait, de son côté, cherché un règlement con-
forme aux traditions des Écoles ; ce règlement
excluait tout ce que le comité de Londres avait
concédé aux Rugbéiens. Un congrès se réunit
à Londres ; les joueurs du *dribling* de la
métropole votèrent avec Cambridge, les joueurs
du Rugby se retirèrent et leur laissèrent le
champ libre. Il se forma aussitôt (1863) la
Football Association, sept ans avant l'Union
de Rugby. La scission fut complète et définitive.

Le lecteur a vu que les joueurs du *dribling*,
que nous pouvons appeler, maintenant, joueurs
du Football Association, anciens élèves des

« Public Schools », s'organisaient en clubs dès 1862; toutefois Cambridge pratiquait déjà ce jeu en 1855 et vers la même époque il se jouait à Sheffield et à Hallam. Le premier club régulièrement constitué pour jouer le jeu du *dribling* fut le Forest Club, près de la forêt d'Epping; vinrent ensuite les clubs de Londres cités plus haut. A partir de cette époque le FOOTBALL ASSOCIATION devint, avec le *Rugby*, le jeu national anglais pendant l'hiver. On jugera de l'extension qu'il a prise depuis quarante ans par les détails suivants sur son organisation. Avant tout, il faut distinguer entre les *Clubs* qui groupent les individus et les *Ligues* qui sont les unions des Clubs et qui, chacune, se compose d'un grand nombre de ces derniers. Les Ligues sont de deux sortes : les unes qui ne tendent qu'à unifier en donnant des règles communes et en veillant à leur observation, les autres qui forment des liens régionaux, par exemple, entre les Clubs d'un même Comté.

En 1875, le mouvement qui porta la jeunesse anglaise vers le Football atteignit son apogée dans les comtés du centre, dans le Lancashire et le Staffordshire. En 1874, Birmingham ne comptait qu'un club de Football jouant d'après les règles de l'Association; en 1875, une Union locale inscrivait vingt clubs sur ses listes. Puis vinrent les comtés d'York, de Northumberland, de Chester et de Lancaster; là, dans chacun de ces comtés, se formèrent également des Unions de Football Association. D'autre part, l'Écosse, l'Irlande et le Pays de Galles possédaient depuis longtemps des Unions similaires. Chaque Union fonda sa coupe de défi, entre villes, entre comtés, puis entre pays, si bien que le nombre des coupes qui se disputent chaque année est de plus en plus considérable, en raison de la rapide popularité dont jouit le jeu de l'Association. La plus importante est celle des matchs internationaux : l'Angleterre contre l'Écosse, l'Angleterre contre l'Irlande, l'Irlande contre le Pays de Galles, au total six matchs entre les quatre Unions, qui se jouent chaque année devant un immense concours de spectateurs.

C'est la « Football Association » dont lord Kinnaird est le président, qui a la haute main sur tous ces Clubs et Unions. Cette association patronne les matchs internationaux, les matchs de défi (*Challenge Cups*) entre tous les Clubs

appartenant à l'association ou les Unions affiliées et enfin les matchs pour l' « Amateur
Cup », qui se jouent entre les Clubs anglais et
gallois appartenant à l'Association ou à une
Union affiliée. Le nombre des Clubs faisant
partie de cette Association était en 1896 de 179,
celui des Unions affiliées de 42, et au début
de la saison 1895-96, de septembre à avril,
246 matchs étaient régulièrement enregis-
trés.

Malheureusement la « Football Association »
a tourné presque entièrement au professiona-
lisme. Cela tient à ce que, tel qu'il est régle-
menté, le jeu est originaire des comtés du
Centre, où les joueurs sont recrutés en grand
nombre parmi la jeunesse des fabriques et
parmi les mineurs. Par suite de la multiplicité
des matchs, il fut bientôt impossible pour un
club de poursuivre tous les concours sans
songer à indemniser les joueurs. D'autres
clubs vont plus loin : désirant s'attacher les
bons joueurs, ils les payent pendant leur
entraînement. C'est ainsi que certains joueurs
appelés à jouer pour la coupe reçoivent de 25
à 50 francs par semaine, plus un intérêt sur

le produit des entrées qui sont partagées entre les deux Clubs en présence, défalcation faite des frais généraux.

Ces sommes sont parfois considérables, car il n'est pas rare de voir 25 000 personnes assister aux matchs finals et la somme perçue pour les entrées s'élever à plus de 20 000 francs.

Quelques clubs de Londres, ceux des Universités ont fait de vains efforts pour réagir contre cet état de choses; ils ont finalement dû renoncer à la lutte et, depuis de longues années, Oxford, qui, en 1873, avait gagné le championnat, ne s'est plus engagé. Les clubs les plus importants de Londres ont imité cet exemple; ils se contentent de jouer entre eux des matchs qui, sans attirer un public aussi nombreux, sont suivis avec intérêt par tous ceux qui aiment à encourager le vrai sport et non pas des entreprises commerciales. C'est ainsi que se jouent chaque année des matchs entre Oxford et Cambridge, des matchs pour la « Coupe de la Charité » et pour la « Coupe des Hôpitaux ». La Football Amateur Association a également institué une coupe de défi réservée entièrement aux clubs composés d'ama-

teurs et ces rencontres obtiennent chaque année
un immense succès; pendant l'hiver de 1895-96,
35 Clubs s'engagèrent pour la disputer.

FRANCE

Il n'est pas facile de préciser la date exacte
de la naissance du FOOTBALL ASSOCIATION en
France, ni d'en désigner le berceau. Selon
toute probabilité il fit son apparition dans notre
pays peu après qu'il vit le jour en Angleterre,
à la suite de la scission entre les Comités de
Londres et de Cambridge, c'est-à-dire vers 1863.
Les Anglais qui emportent avec eux, partout
où ils se fixent, leurs mœurs et leurs cou-
tumes, durent, lorsqu'ils se trouvèrent, en
France, en nombre suffisant pour former des
équipes, pratiquer ce jeu pendant les mois
d'hiver, comme on les voit en été pratiquer le
cricket. Nos recherches, toutefois, ne nous
permettent pas de remonter plus haut que 1876,
époque à laquelle on se souvient d'avoir vu
jouer des parties de Football Association sur
la pelouse de Madrid, entre Anglais habitant
Paris et Français ayant appris le jeu dans les

écoles d'outre-Manche; mais, faute d'aliments suffisants, ces premiers essais furent bientôt abandonnés, pour faire encore de courtes apparitions de temps à autre.

Lorsqu'en 1888 le grand mouvement en faveur de l'éducation physique s'établit à Paris et que l'Union entreprit d'introduire les jeux athlétiques dans nos établissements scolaires, elle ne comprit pas l'Association dans son programme et donna toutes ses préférences au Rugby, pour deux raisons : la première venait de ce que les promoteurs de l'Union étaient pour la plupart de vieux joueurs de Rugby, et qu'ils considéraient, à tort ou à raison, que cette manière de jouer le Football était plus dans le tempérament de nos jeunes générations et, secondement, elle jugeait plus sage de ne pas surcharger son programme de deux jeux de ballon en raison des difficultés qu'elle rencontrait à faire jouer les « potaches » à un jeu quelconque. Seul, de toutes les Associations scolaires qui s'empressèrent alors de s'affilier à l'Union, l' « International Athletic Club », composé d'élèves de l'Institut International, pratiquaient l'Association; mais ne trouvant aucune équipe avec laquelle il pût se rencontrer, ce Club joua aussi bien le Rugby que l'Association, notamment en 1890 contre une équipe de Janson-de-Sailly, dans un match qui eut un certain retentissement dans la presse; ce fut à l'occasion de cette partie jouée entre Français et Anglais que nous fut servie, pour la première fois, avec force commentaires, toute cette statistique de morts et de blessés dont nous avons parlé autre part.

L'honneur d'implanter définitivement l'Association en France revient à un groupe de jeunes Anglais de Paris, qui, en 1887, forma le premier Club de Football Association régulièrement constitué : le *Paris Association Football Club*, dissous depuis, mais dont plusieurs membres font encore partie du *Standard Athletic Club*. Après la dissolution de ce Club, le mouvement en faveur de ce jeu se ralentit considérablement; un seul club, « l'Étoile », de Courbevoie, le pratiquait encore. Pendant les hivers de 1889-90 et 1890-91, les fervents de l'Association se réunissaient encore, à des époques intermittentes, tantôt sur le bastion des fortifications

à la Porte Dauphine, tantôt à la Porte de la
Muette, parfois sur la pelouse de Madrid, et là
se livraient à leur jeu favori. D'autres Clubs
se formèrent, notamment le *Gordon Club* ;
mais ils durèrent l'espace d'un hiver. L'hiver
de 1891-92 vit éclore deux nouvelles associations : le *Standard Athletic Club*, et les
White Rovers, composés presque exclusivement
des joueurs des anciens clubs.

En septembre 1892, le premier *Club Français* fit sous ce nom son apparition à Paris.
Il était composé des meilleurs joueurs de la
« Ligue de l'Éducation Physique » et des
anciens membres de l'*Étoile*. Dès le début
les joueurs anglais du « Standard » et des
« White Rovers » trouvèrent en lui un redou-
table adversaire. Sept Clubs, régulièrement
constitués, jouèrent le jeu de l'Association
pendant la saison 1893-94 ; ce furent : le
« Standard », les « White Rovers », « l'International », « le Club Français », déjà nommés,
puis le « Cercle Athlétique de Neuilly », le
« Cercle Pédestre d'Asnières » et le « United
Sports ».

L'Union, qui avait déjà tant fait pour organiser, grouper, légiférer et patronner le mouvement athlétique et l'amateurisme en France, ne pouvait plus longtemps se désintéresser d'un jeu qui prenait tous les jours une extension de plus en plus grande. Déjà le Standard, les White Rovers, puis le Club Français s'étaient fait reconnaître par elle, lorsqu'au commencement de 1894 elle créa un championnat avec coupe de défi, pour tous les clubs d'amateurs, pratiquant l'Association et faisant partie de l'Union. La création de ce *Challenge* donna un nouvel élan à l'Association et de nouveaux clubs se firent aussitôt reconnaître par l'Union. Le Standard Athletic Club, rencontrant les White Rovers dans la finale, gagnait ce championnat pour l'année 1894. L'année suivante, ce club eut à défendre son titre et le *challenge*, celui-ci consistant en une fort belle coupe en argent généreusement offerte par M. Gordon-Bennett, contre sept clubs : les White Rovers, le Club Français, le Stade de Neuilly (ancien Cercle Athlétique), le Paris Star, l'United Sports Club, le Football Club de Levallois et le Cercle Pédestre d'Asnières. Le Standard se trouvait de nouveau en face des White Rovers dans la finale et les battait par 3 points à 1, gagnant ainsi le championnat pour la deuxième fois.

La saison de 1895-96 montre bien avec quelle rapidité le Football Association se répand dans la jeunesse française. A Paris et dans ses environs immédiats, trois nouveaux clubs apparaissent ; ce sont : le Cercle Athlétique Parisien, l'Union Athlétique Sevrienne, le Sporting Club de Suresnes. Une section d'Association est formée également à l'Union Athlétique du Ier arrondissement, qui les années précédentes ne jouait que le « Rugby ». Le développement pris par l'Association est si grand que l'Union juge utile d'établir un championnat d'équipes secondes.

Les championnats de 1895-96 ne se disputent plus par matchs éliminatoires et match final, mais suivant le mode adopté par la Football League d'Angleterre. Chaque équipe doit se rencontrer successivement une fois avec chacune des équipes engagées. Un match gagné compte 2 points pour le club vainqueur ; un match nul 1 point pour chaque équipe ;

un match perdu, 0 point pour l'équipe battue. L'équipe qui, après avoir joué tous les matchs qu'elle devait disputer, compte le plus grand nombre de points est déclarée gagnante.

Pour la première fois depuis la fondation du challenge d'Association, celui-ci fut remporté par une équipe formée exclusivement de joueurs français, celle du Club Français, capitaine E. Fraysse, qui compta 8 matchs gagnés sur 8 joués, ce qui lui donna un total de 16 points. Ce même club gagna également le championnat d'équipes secondes par 16 points.

En province, le Football Association prend également un rapide développement; dès 1894 il fait partie du programme du Lendit normand, réuni à Caen, où sept équipes scolaires se rencontrèrent pour ce championnat, gagné par le Lycée du Havre, après une belle lutte avec l'École Normale de Caen.

Pendant la saison 1894-95, la ville du Havre apparaît comme un centre important d'Association. Elle possède déjà trois clubs pratiquant ce jeu : le Havre Athletic Club, dont les joueurs sont presque tous de nationalité anglaise ; le Blue Star, aujourd'hui Union

Olympique du Havre, et enfin l'Union Sportive du Lycée du Havre. Ces clubs, par des matchs fréquents entre eux et surtout grâce à la présence d'un grand nombre de joueurs anglais, ne tardèrent pas à acquérir une valeur remarquable. L'U. S. L. H., dans un match joué au Havre en 1894 avec le Club Français, offrit à l'équipe parisienne qui ne triompha que par 1 but à 0, une résistance à laquelle le C. F. était loin de s'attendre. Le Championnat du Sud-Ouest, fondé par l'Union des S. A., ne mit en présence que deux clubs : le Stade Bordelais et le Sport Athlétique de Bordeaux. Le S. B., dont l'équipe était composée pour une bonne moitié de joueurs anglais, remporta difficilement la victoire par 4 buts à 2.

Dans le Lendit d'Évreux, disputé la même année et qui mit en présence quatre équipes scolaires, l'École Normale de Caen triompha après avoir rencontré dans la finale le Collège de Dreux.

La saison de 1895-96 fut remarquable par le nombre de matchs joués entre clubs de province et clubs de Paris. Le 22 décembre, le Club Français commence la série en envoyant sa

deuxième équipe à Dreux jouer contre le Collège
de cette ville. Le C. F. triomphe facilement
par 10 buts à 0. En février, le Paris Star se
rend au Havre et joue avec l'Union Olympique
un match qu'il gagne après une belle résistance
par 1 point à 0. Le retour de ce match, joué
à Paris, est l'occasion d'une nouvelle victoire
pour le Paris Star, qui gagne par 2 buts à 0.
En avril, une équipe des White Rovers va
jouer au Havre un match contre l'Union Sportive du Lycée et triomphe par 2 buts à 0. Le
Standard Athletic Club envoie également une
équipe au Havre et y joue le Havre Athletic
Club qui, cette fois, remporte une belle victoire
sur l'équipe parisienne.

Le championnat du Sud-Ouest, qui en 1896
comme en 1895 ne réunit que deux engage-
ments, reste au Stade Bordelais, battant le
Sport Athlétique Bordelais par 3 buts à 1.

L'ère des luttes internationales s'ouvrait, en
1893, par une série de matchs joués à Paris
contre une équipe du Marylebone Football
Club de Londres. Le 1er avril, le club anglais
rencontrait et battait une équipe mixte, sous
les ordres de M. W. D. Attrill, capitaine du

Standard; le lendemain il jouait les White Rovers et le 3 le Standard, battant ces deux équipes par 5 points à rien et par 7 points à rien respectivement.

Ces rencontres internationales, dues entièrement à l'initiative de M. W. D. Attrill, contre des joueurs expérimentés et disciplinés, connaissant à fond la science et la tactique du jeu, rendirent aux clubs de Paris les mêmes services que les premiers matchs internationaux de « Rugby » rendirent en 1892 et 1893 au Stade et au Racing Club. Si nos joueurs ne purent tenir devant la science, l'endurance et la discipline des équipiers anglais, ils surent au moins profiter des leçons données, si bien que lorsque l'année suivante le Marylebone Club revint à Paris accompagné du Belsize F. C., ils furent émerveillés de la résistance qu'ils rencontrèrent et des progrès acquis dans le courant d'une année. Voici brièvement les résultats des matchs internationaux joués dans la saison 1893-94.

Équipe mixte anglaise contre équipe mixte
    française.. 2 buts à 1
Marylebone Club contre le Standard........ 3 — à rien.
Belsize Club contre White Rovers........... 4 — à 1
Marylebone Club contre White Rovers..... nulle.
Belsize Club contre le Standard............. 8 buts à rien.

Le 24 mars 1895, une équipe mixte, composée des meilleurs joueurs de nos clubs parisiens jouait un match contre le Folkestone F. C. Ce fut, certes, le plus intéressant des matchs internationaux jusqu'à ce jour joués à Paris. La science que déploya le club anglais, ses passes exécutées avec une précision admirable, sa discipline, furent une révélation tant pour nos équipiers que pour le public qui put, une fois de plus, se convaincre que le Football était bien un jeu d'adresse et non le jeu brutal que l'on disait. Malgré toute la science de l'équipe anglaise, elle eut bien du mal à battre l'équipe de Paris par 3 buts à 0.

Les rencontres internationales furent encore plus fréquentes et plus intéressantes pendant la saison de 1895-96; toutefois ce ne fut plus avec nos voisins d'outre-Manche que se mesurèrent les équipes de France, ce fut avec nos voisins du nord, les Belges. L'United Sports Club donna le signal par un match joué à Bruxelles en janvier, contre le Racing Club de Bruxelles, qui remporta une belle victoire par 1 but à rien. Le Club Français suit de près et gagne en février un premier match contre le

Sporting Club de Bruxelles par 3 buts à 2 ; puis un second, joué à Anvers, contre l'Antwerp Football Club, par 4 buts à 3. Le 7 mars, le Sporting Club de Neuilly se rend à Bruges pour y jouer un match contre le Football Club Brugeois ; bien que l'équipe belge soit d'un poids formidable et bien qu'elle possède une grande vitesse, nos compatriotes sont encore victorieux par 2 buts à 1. En avril, une équipe portant les couleurs du Racing Club Bruxellois, composée des meilleurs joueurs des différents clubs de Bruxelles, vient à Paris et se rencontre le 5 avec l'United Sports Club et le 6 avec le Sporting Club de Neuilly. Ces deux rencontres sont pour les Belges deux victoires ; ils battent l'U. S. C. par 3 buts à rien et S. C. N. par un but à rien. Ces deux rencontres clôturent la série des matchs internationaux pour la saison 1895-1896.

Tel est brièvement l'historique de « l'Association » en France jusqu'à nos jours. De quelques années plus jeune que le « Rugby », l'Association a pris en peu de temps un développement considérable, et elle a déjà vaillamment suivi les traces de son aîné dans la voie du progrès et sur le chemin de la victoire.

CHAPITRE II

L'ÉVOLUTION DE LA TACTIQUE

Le Football joué d'après les règles de « l'Association » est moins le jeu traditionnel que le « Rugby »; pourtant, des deux c'est celui qui mérite le plus le nom de « football », ou ballon au pied, car le pied est le seul moyen employé pour le faire avancer. Aujourd'hui, il est vrai, les coups de tête sont autorisés; mais il y a là une altération du vrai jeu qui disparaîtra sans doute le jour où l'on s'apercevra que le *heading*, comme on le nomme, tient plus de l'acrobatie que du vrai football, et l'on est en droit de se demander pourquoi la règle permet l'usage de la tête comme moyen de défense et d'attaque et interdit celui des bras, des épaules et des mains?

Quoique le caractère du jeu ait, depuis 1863,

changé du tout au tout, les conditions requises
pour arriver à être un bon joueur sont les
mêmes qu'il y a vingt ans. Dès les premières
années, l'Association fut un jeu essentiellement
d'adresse, mais d'adresse individuelle, et la tactique d'ensemble des onze joueurs n'avait rien
de bien scientifique. Chaque avant faisait sa
partie sans se préoccuper de ses coéquipiers,
cherchant à conquérir quelques lauriers par son
adresse comme *dribleur* [1], chassant le ballon
devant lui pour le piloter par d'habiles manœu-
vres à travers les vides dans les rangs ennemis,
lui faisant faire maints détours pour éviter les
avants du camp opposé et arriver jusqu'au
but. La seule combinaison admise alors con-
sistait à soutenir un coéquipier dans l'espoir, s'il venait à dépasser le ballon, de le lui
« chiper » et de faire à son tour une jolie exhi-
bition de dribling.

Les joueurs avants n'avaient pas de poste
désigné, c'est-à-dire que tout le terrain de jeu

1. *Dribler*, série de petits coups de pied dans le ballon
pour le chasser devant soi. A défaut d'équivalent français,
nous avons fait le mot *dribleur* et conservé le verbe *dribler*
et le substantif *dribling*.

leur appartenait. Quelques équipes toutefois avaient adopté le système des ailes sur chaque côté du champ, mais les joueurs ainsi placés remplissaient plutôt les fonctions de demi-arrières, car chaque aile avait à protéger son côté du terrain.

La nouvelle règle du *hors-jeu* modifia sensiblement la tactique du jeu et entraîna également un changement dans la disposition des joueurs. Au début, l'Association avait adopté la règle des rugbéiens, interdisant à un joueur de prendre le ballon d'un coéquipier qui le lui aurait envoyé par derrière ; avec cette règle, seul le dribling individuel était possible. En 1867, les Écoles de Westminster et de Charterhouse entrèrent dans l'Association, apportant avec elles la règle du hors-jeu qui permet de passer le ballon à tout coéquipier qui aurait plus de trois joueurs entre lui et la ligne de but du camp opposé. Les clubs de Sheffield, du Lancashire, de Blackburn, modifièrent dès lors leur tactique ; ils s'aperçurent qu'avec la nouvelle règle, le seul moyen et le plus sûr d'arriver au but ennemi, était de jouer un jeu de combinaison et toutes les modifica-

tions qui ont été, ces dernières années, appor-
tées dans la tactique du jeu, n'ont eu d'autre
but que de perfectionner ce jeu de combinaison. On a vu que les premiers essais de ce
genre consistaient dans le jeu des avants que
l'on fit jouer par couples. Ce système était déjà
très en vogue à Harrow et à Eton, mais ce
furent les clubs de Londres qui l'employèrent
avec le plus de succès. En 1874, dans le match
entre Oxford et Cambridge, les deux équipes
jouèrent avec trois arrières, mais à cette
époque on ne cherchait pas encore à passer le
ballon de l'arrière à l'avant, chaque avant
essayant, comme dans le Rugby, « d'être sur
le ballon ». Cette tactique fut perfectionnée
par les clubs de Glasgow d'abord, puis par
ceux de Sheffield et de Nottingham, qui les
premiers révolutionnèrent le jeu en essayant
le jeu de la passe. Aux Écossais revient donc
l'honneur d'avoir vulgarisé la nouvelle tactique
dont l'avantage avait été toutefois préconisé,
dès 1873, par les joueurs de Sheffield.

Une équipe était alors disposée bien plus
pour renforcer l'attaque que pour obtenir une
défense vigoureuse; on favorisait les avants au

Demi arrêtant un dribling.

détriment des arrières. L'équipe était généralement formée de sept avants, avec quatre joueurs seulement pour garder les trois lignes de défense, soit : le gardien du but qui n'avait devant lui qu'un arrière, puis plus loin deux demis, pour arrêter l'avance des avants ennemis. En somme cette formation, étant donnée la tactique d'alors, n'était pas aussi dangereuse que pourrait le croire un joueur d'aujourd'hui. Toutefois, en 1873, la grande majorité des équipes jouait encore avec huit avants, un demi-arrière, un arrière et un gardien du but.

Pendant longtemps il y eut divergence d'opinions concernant la disposition de la défense : on essaya d'un arrière et de trois demis, puis d'un arrière et de deux demis, tandis qu'en Écosse on jouait avec deux arrières et deux demis. Le but de ces tâtonnements était d'obtenir une ligne de défense renforcée sans affaiblir l'attaque. Le premier changement qui s'opéra dans ce sens fut le retrait du troisième demi centre pour en faire un deuxième arrière. Cette modification devenait une nécessité absolue en raison de la nouvelle tactique adoptée avec succès, celle de la passe; mais au fur et à mesure que cette tactique se développa on comprit qu'une réforme plus grande encore devenait nécessaire. Graduellement on modifia tout le système du jeu qui demandait, de plus en plus, à être joué avec une précision mécanique inconnue jusqu'alors. Chaque joueur eut son poste désigné à l'avance et un rôle bien défini; il devenait partie intégrale d'une machine qui ne pouvait fonctionner régulièrement qu'autant que chaque rouage, chaque pièce fût ajustée avec précision. On divisa l'attaque et la défense en deux parties égales : les équipes furent formées de six avants et de cinq arrières. Mais aussitôt que le jeu de la passe fut mieux compris et que l'attaque arriva sous une forme plus ouverte, moins compacte, il fut évident que la première ligne de défense n'était plus suffisante pour lutter contre la rapidité de l'attaque. On arriva alors à la disposition qui prévaut généralement de nos jours et qui est la suivante (voir tableau 1) :

Un *gardien*, dont les fonctions spéciales sont de défendre l'espace entre les deux poteaux formant le but;

Deux *arrières*, un de chaque côté du champ;

Trois *demi-arrières*, qui contribuent également-
ment à la défense et à l'attaque et qui forment
la réserve proprement dite des avants, les suivant dans leur marche en avant ou dans leur
retraite; ils sont ainsi placés : un au centre et
un sur chaque flanc, et, enfin :

Cinq *avants*, un au centre et deux sur chaque
aile, jouant par paires.

Dans le jeu moderne comme dans l'ancien,
le rôle de l'arrière, des demis et du gardien est
resté à peu près le même; il est donc inutile
de le décrire ici. Il n'en est pas de même de
celui des avants dont le caractère est entièrement modifié. Lorsque le dribling pur et simple
disparut et que le jeu individuel fut absorbé
dans le mécanisme général d'une équipe, le
joueur égoïste cessa de jouer un rôle quelconque, pour ne plus être qu'un des rouages de
la machine. Sans doute l'avant moderne, comme
l'ancien, doit être un bon dribleur; mais, s'il
trouve devant lui plusieurs adversaires, il sait
que cette attaque a dû laisser quelque part un
point faible du champ de bataille, dégarni de
défenseurs, point faible par lequel une trouée
peut être faite dans la direction du but ennemi.

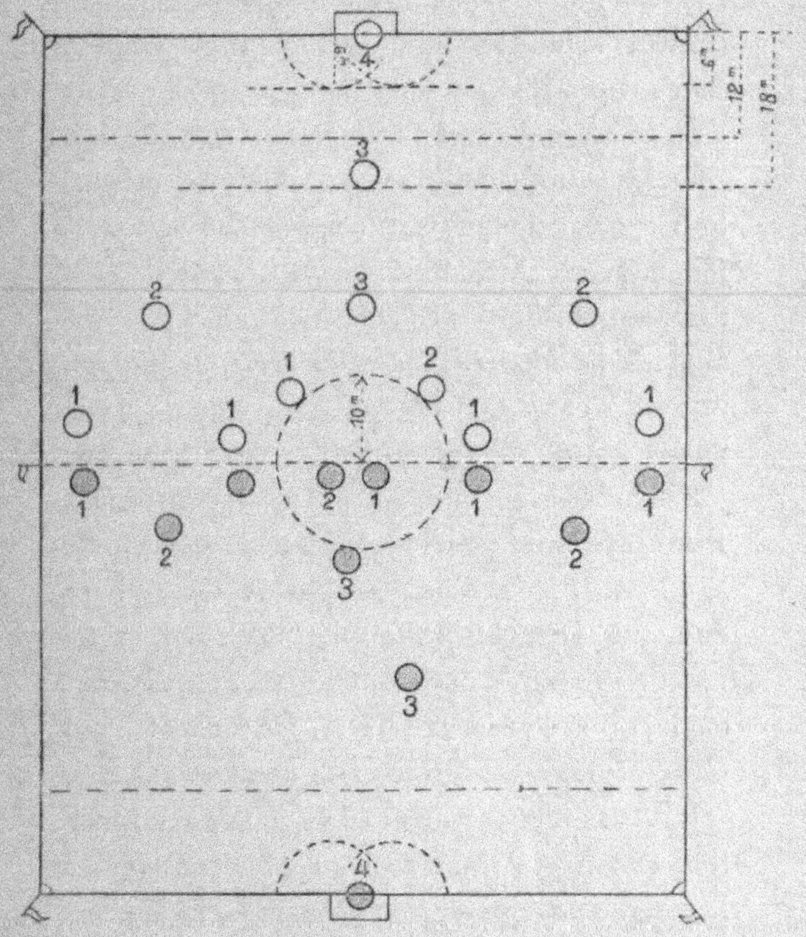

(Tableau 1.) — Position des joueurs au moment du coup d'envoi.

Noirs attaquants. Blancs défendant.
1, avants; 2, demis; 3, arrières; 4, gardien du but.

3.

Il passe alors le ballon à l'une des ailes ou au centre, selon les circonstances, et ceux-ci sauront profiter de cette manœuvre. Autrefois l'avant se contentait de manœuvrer le ballon à travers la masse de ses adversaires; cet art tout spécial ne pouvait s'apprendre que fort jeune, pendant les années scolaires, et ils sont rares aujourd'hui les joueurs qui ont eu l'occasion de l'acquérir. C'était un fort joli jeu qui attirait à coup sûr les applaudissements de la galerie. Aujourd'hui, nous l'avons dit, chaque joueur conserve la place qui lui est assignée; il ne joue plus pour lui seul, mais pour toute l'équipe. Pièce d'une machine, celle-ci se détraque aussitôt qu'un de ses rouages ne fonctionne plus d'accord avec les autres. Nous expliquerons plus loin le rôle de chacun des éléments dont est formée une équipe moderne.

Toute la tactique actuelle du jeu de l'Association consiste à transformer rapidement toutes les forces pour passer de l'attaque à la défense et *vice versa*, selon les circonstances. Aussitôt que l'un des camps se trouve en possession du ballon, l'équipe doit immédiatement prendre la forme d'un triangle dont la base représente la ligne d'attaque, composée de cinq joueurs avants au premier rang, de trois au deuxième et de deux au sommet (tableau 1). Ces trois lignes de tirailleurs, soutiens et réserves, doivent se soutenir mutuellement, se suivant de telle façon et à telle distance qu'il leur soit possible de se passer facilement de ballon; aucune d'elles, ne doit être « en l'air », c'est-à-dire qu'à aucun moment de la partie elle ne doit perdre contact avec les deux autres lignes.

Si de l'attaque, l'équipe est obligée de passer à la défense, elle se dispose en prenant également la forme d'un triangle, mais alors la base est formée des deux arrières et des trois demis. Trois des avants, le centre et les ailes se replient immédiatement pour surveiller et marquer les demis du camp attaquant, tandis que les deux autres surveillent les arrières.

Nous donnons ici un diagramme (tabl. 2) qui permettra au lecteur de se rendre compte plus facilement des positions relatives de deux équipes de forces égales. Au moment où cet *instantané* a été pris, aucune de ces équipes n'a un avantage marqué et le jeu est à peu près stationnaire.

Les blancs attaquent ; leur aile droite est en possession du ballon ; une charge est à redouter et les noirs se préparent à la recevoir.

L'avant, sur l'aile droite des blancs, est en possession du ballon.

Le demi gauche des noirs va le harceler pour le forcer à le jouer.

Le demi centre des noirs surveille l'avant blanc, à l'intérieur, à droite.

L'arrière, droite des noirs, surveille le centre avant blanc et le demi noir de droite surveille les deux avants blancs de l'aile gauche.

Les demis et l'arrière gauche des blancs se sont également portés le plus en avant que la nécessité et la prudence le permettent pour soutenir leurs avants, laissant hors-jeu, par cette manœuvre, les deux avants sur l'aile droite des noirs.

L'arrière blanc de droite est prudemment en arrière, pour être prêt à toute éventualité, sans être toutefois trop loin pour soutenir la ligne de défense qu'il a devant lui.

Les noirs ayant coupé toute communication directe entre l'aile droite des blancs et ses coé-

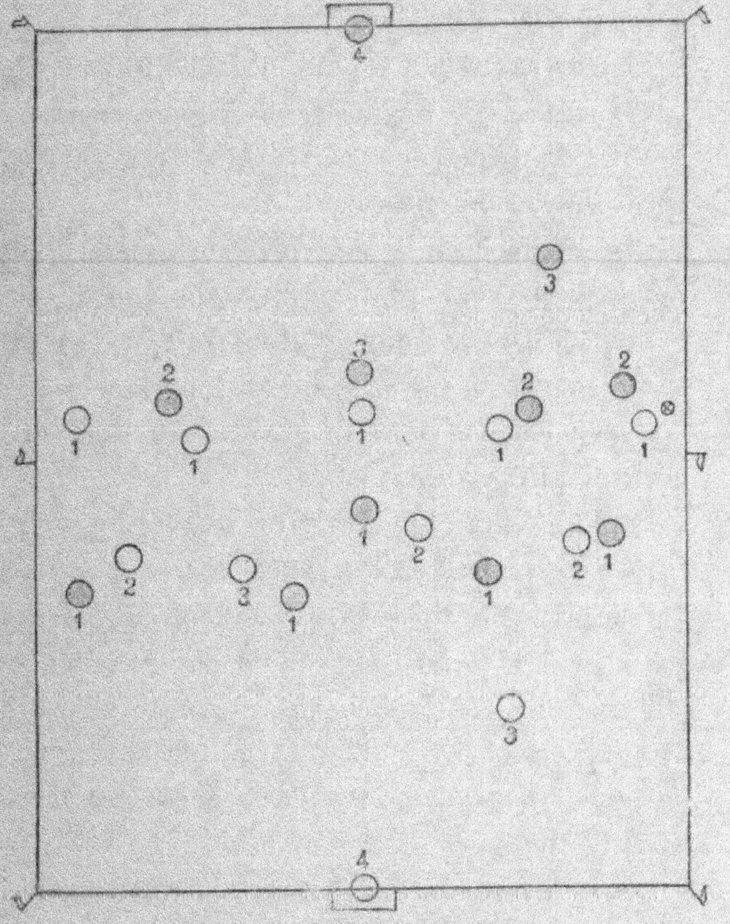

(Tableau 2.) — Attaque des blancs.

○ Attaque; ● défense; ⊕ ballon.

1, avants; 2, demis; 3, arrières; 4, gardien du but.

quipiers, il ne reste aux blancs d'autres ressources que de dribler.

Si leur avant n'est pas un bon dribleur, il devra tenter une longue passe à l'aile gauche, ayant soin de placer le ballon bien en avant de son confrère de gauche.

Si, en driblant, il était parvenu à passer le demi, il est encore très probable que cette longue passe sur l'aile gauche serait ce qu'il y a de mieux à faire, avant d'être harcelé de nouveau par l'arrière de gauche, secondé par le demi qu'il vient de passer.

Le 2ᵉ diagramme (tabl. 3) représente une partie au moment où les blancs ont l'avantage.

Les blancs ayant réussi une série de passes en avant de la position qu'ils occupaient au tableau n° 2, ont rapidement gagné du terrain et ont porté tous leurs efforts sur l'attaque, formant un *triangle* dont la base constitue la ligne la plus forte.

Les noirs au contraire pour enrayer l'attaque des blancs ont porté tous leurs efforts sur la défense formant également presque un triangle dont la base forme la défense.

On remarquera ici que la position des

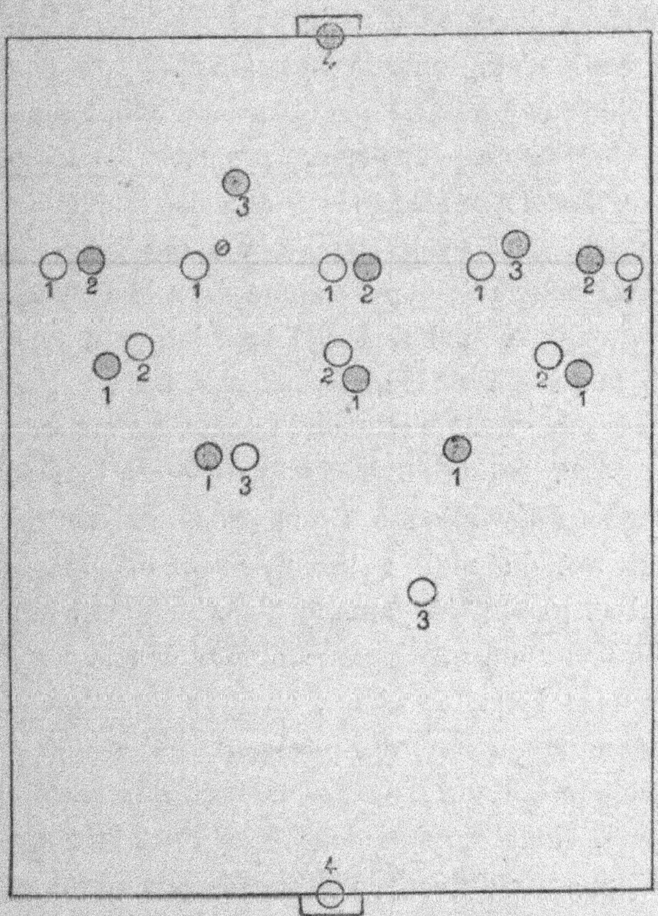

(Tableau 3.) — Marche des blancs en avants.

○ Attaque; ● défense; ⊗ ballon.

1, avants; 2, demis; 3, arrières; 4, gardien du but.

arrières est calculée de façon à ce qu'ils puissent profiter de la règle du hors-jeu, c'est-à-dire afin d'empêcher le maraudage.

Nous avons pensé que cette description d'une des phases du jeu moderne permettrait au lecteur de comprendre plus facilement la tactique du jeu, tout en indiquant la disposition des joueurs dans l'attaque comme dans la défense.

Depuis la fondation de l'Association la règle du jeu a peu varié : en somme la seule qui ait eu à subir quelques modifications est celle du *hors-jeu*. Aujourd'hui encore, elle est loin de donner satisfaction aux joueurs et aux arbitres qui ont du mal à trancher les différends qui surgissent fréquemment sur ce point. Les débutants auront quelque difficulté à la comprendre de prime abord, et nous connaissons même des joueurs qui pratiquent le jeu depuis longtemps et qui n'ont pas encore compris cette règle. Nous croyons donc être utiles aux uns comme aux autres, en donnant plus loin, au chapitre « Conseils », quelques explications sur cette règle et, à l'Appendice, une série de diagrammes représentant les différents cas de hors-jeu qui peuvent surgir pendant une partie.

CHAPITRE III

LE JEU

Les dimensions du terrain ne doivent jamais avoir plus de 180 mètres et moins de 90 mètres de longueur; sa largeur varie en proportion, de 90 mètres à 45 mètres. Cet emplacement est délimité par des petits drapeaux placés aux quatre coins et au centre de la ligne de touche.

Les lignes marquant les petits côtés du rectangle (AA) se nomment *lignes de but*; celles qui marquent les grands côtés (TT) sont les *lignes de touche*. L'espace qu'elles limitent est le champ. Le centre du terrain est indiqué par une marque visible, autour de laquelle on trace une circonférence de 10 mètres de rayon.

Les buts, placés au centre des lignes marquant les petits côtés du rectangle, sont formés de deux poteaux plantés en terre à 7 m. 30 l'un de l'autre et reliés par le haut par une barre transversale en bois à 2 m. 40 du sol.

Pour gagner un but il faut que le ballon ait été envoyé *entre* les deux poteaux et *en-dessous* de la barre transversale.

Le nombre réglementaire de chaque équipe est de 11 joueurs, dirigés par un capitaine; chaque équipe est divisée en 1 *gardien du but*, 2 *arrières*, 3 *demi-arrières* et 5 *avants* que le capitaine place au début de la partie selon la tactique adoptée par lui. (Voir tableau 1.)

Les capitaines tirent à pile ou face au commencement du match; le gagnant a le choix du côté ou du coup d'envoi.

On fixe à l'avance la durée de la partie[1]; à la mi-temps les camps changent de côté.

Le *coup d'envoi* se donne le ballon posé à terre au centre du terrain; un des joueurs du camp qui a gagné le coup d'envoi, le frappe du pied dans la direction du camp opposé.

Quand le ballon sort de la ligne de touche, un joueur appartenant au camp opposé à celui qui l'a envoyé en dehors des limites, le remet

---

1. La durée d'une partie réglementaire est de deux demi-temps de 45 minutes chacun.

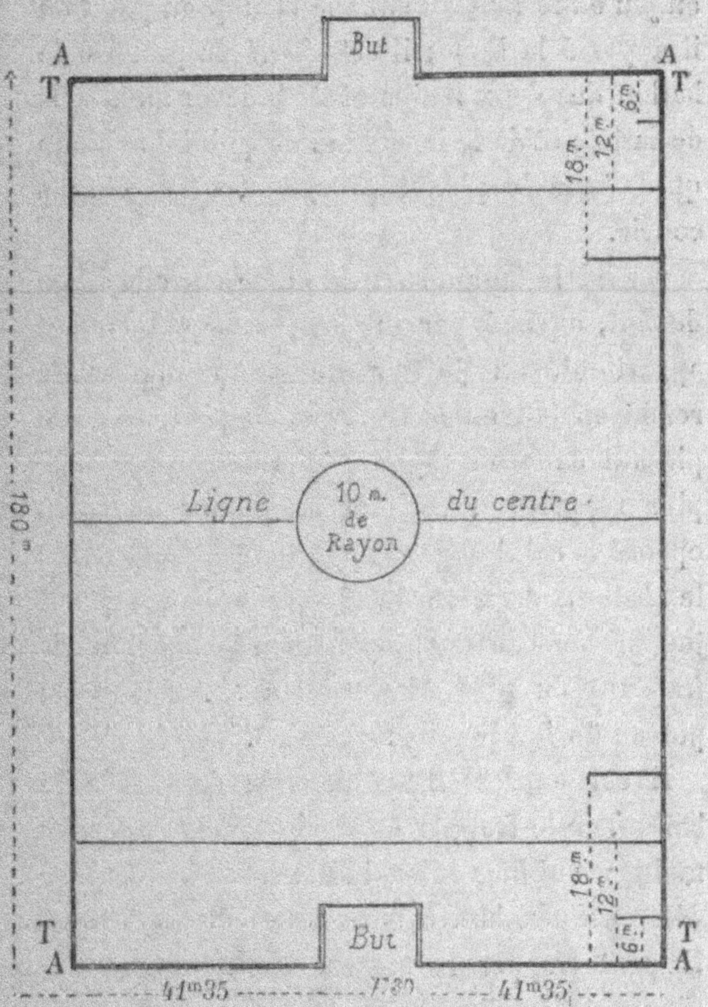

Football Association. — Terrain de jeu.
AA, lignes de but. TT, lignes de touche.

en jeu en le lançant dans le champ du point où il a passé la ligne; il est obligé de prendre le ballon des deux mains et de le lever au-dessus de la tête et de le lancer sur le point du champ qu'il juge le plus avantageux, et ceci sans courir.

Quand le ballon sort du champ par la ligne de but, envoyé par un joueur auquel ce but appartient, un joueur du camp opposé le remet en jeu en le frappant du pied, et en le plaçant dans un rayon d'un mètre du coin le plus rapproché; mais si un joueur du camp opposé à celui auquel appartient le but envoie le ballon derrière la ligne de but, un des joueurs de l'autre camp le remet en jeu en le frappant du pied d'un point à six mètres du poteau du but le plus rapproché.

Il est expressément défendu de porter le ballon, de le frapper ou de le toucher avec les mains; seul le gardien du but est autorisé, pour défendre son but, à faire usage de ses mains. Il peut frapper le ballon, le repousser avec n'importe quelle partie du corps, mais il ne peut le porter.

On remarquera que la règle interdit l'usage

des mains, des bras, des épaules, mais ne fait
aucune mention de la tête comme moyen
employé pour arrêter, repousser ou faire
avancer le ballon; aussi les coups de tête, le
heading, sont-ils admis et très pratiqués de nos
jours, soit pour défendre un but, soit pour

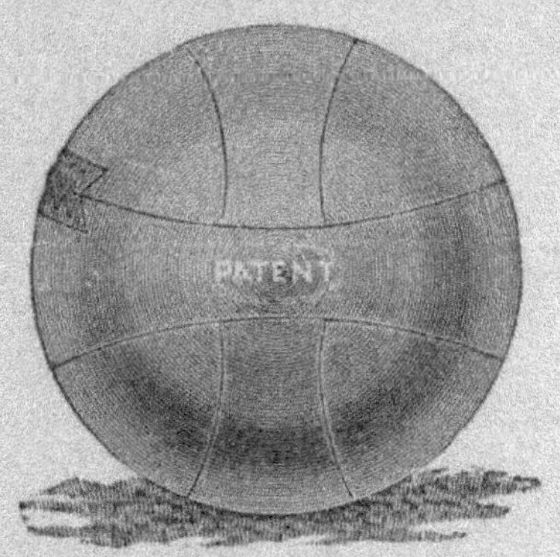

Fig. 1.

empêcher un adversaire de s'emparer du
ballon.

Pour faire respecter les règles, les deux
camps choisissent un *arbitre*. On nomme en
outre deux *juges de touche* qui ont pour mission
de décider lorsque le ballon n'est plus en jeu,
et d'indiquer quel est le camp qui a le droit de
remettre le ballon en jeu, lorsque celui-ci est

4.

sorti des lignes de touche ou des lignes de
but.

Le ballon dont on se sert pour l'Association est rond (fig. 1) et doit mesurer de 68
à 70 centimètres de circonférence; son poids
doit être entre 370 et 425 grammes.

CHAPITRE IV

DES AVANTS

Toute la théorie du jeu des avants consiste à
rendre l'attaque aussi vigoureuse que possible,
par une répartition égale des forces de cette
première ligne, sans toutefois attaquer un point
plutôt qu'un autre. Le jeu des avants doit être
un jeu d'ensemble, et leur devise : « un pour
tous et tous pour un ». Le travail d'une équipe
d'avants bien entraînée est, en effet, d'une
grande précision mécanique et, nous n'avons
pas besoin de l'ajouter, ce n'est que par la pratique constante que l'on peut arriver à une
homogénéité parfaite. Pour que l'avant atteigne
cette perfection il ne doit jamais oublier qu'il
n'est autre qu'un des anneaux d'une chaîne qui
doit être constamment tendue et dont les
anneaux doivent être toujours reliés l'un à

l'autre : tout le secret du jeu de combinaison gît dans cet axiome.

L'avant a son poste désigné sur les ailes ou
au centre, poste qu'il doit occuper pendant toute
la durée du jeu s'il ne tient pas à jeter le
désarroi dans son équipe. Les avants sont, on
le sait, au nombre de cinq, ainsi disposés : un
au centre et quatre sur les flancs, soit deux sur
chaque aile. Ces cinq joueurs ont pour mission
de dribler le ballon en le faisant avancer vers
le but ennemi tant qu'ils verront que la passe
est inutile ou impossible. Aussitôt que cette
tactique devient une nécessité, l'avant ne doit
pas hésiter à l'utiliser. Le centre passe le
ballon aux joueurs sur les ailes et ceux-ci, qui
travaillent par paires, se le passent de l'un à
l'autre. L'avant sur les ailes, chaque fois que
la nécessité l'exige, doit passer le ballon au
centre, voire même d'une aile à l'autre. Au fur
et à mesure que le ballon avance, les avants le
suivent non pas en masse, les uns sur les
autres, mais en se maintenant en ligne et à des
distances aussi favorables que possible pour
que la passe puisse être effectuée et effective.

Lorsque les avants se sont suffisamment

approchés du but ennemi, le ballon doit être rapidement ramené des côtés au centre du terrain, pour permettre à l'un des avants de l'envoyer par un coup droit et sec (*shot*) entre les deux poteaux. Cet envoi doit être fait d'un point aussi rapproché que possible du but, car il est bien rare qu'un coup à longue distance réussisse, le gardien du but ayant tout le temps nécessaire pour y parer et pour intercepter le ballon.

Aussitôt que le ballon est ramené au centre du terrain, que le *centre* le rapproche du but, les deux ailes convergent avec précision dans cette direction, jusqu'à ce que le but soit assiégé comme une forteresse pour tomber sous les coups répétés de l'ennemi ou dégagé par ses propres troupes, le gardien et les arrières.

Pour résumer le jeu des avants dans l'*attaque* : le centre doit passer le ballon aux ailes, sauf lorsqu'il est à proximité du but ennemi ; dans ce dernier cas il doit marcher droit au but. Les ailes doivent jouer par paires, d'un commun accord, et passer le ballon au centre lorsque toute la ligne des avants s'est suffisamment rapprochée du but et sans attendre trop longtemps. « *Bis dat qui cito dat* » doit être la devise de l'avant lorsqu'il a amené le ballon vers le *centre*, et c'est à celui-ci de juger de l'opportunité du moment d'essayer de faire un but.

En faisant son choix le capitaine devra tenir compte des qualités et des capacités de chacun de ses hommes. Il choisira ses avants parmi les plus résolus, les plus prompts à prendre une décision, rapides dans la course et d'un jugement sûr. On le voit, l'Association demande plus que tout autre jeu un ensemble de qualités spéciales; la tactique scientifique d'une équipe moderne ne s'acquiert que par le développement naturel de la pensée et par l'expérience. Les meilleures ont toujours été celles qui ont su mettre en pratique une méthode bien étudiée. Le jugement et l'esprit d'à-propos sont deux qualités essentielles à tout bon joueur avant; la force physique n'est que secondaire. Toutefois les qualités demandées aux avants diffèrent selon le poste occupé par eux. Le centre à lui seul doit posséder toutes les qualités exigées d'un bon footballeur. Il doit avoir du sang-froid, rester calme dans les mêlées, il

L'avant de droite passe à l'avant de gauche qui essaie de faire un but.

doit savoir se servir du pied droit comme du pied gauche pour frapper le ballon — de préférence du cou-de-pied ou de ses côtés, — pour le faire entrer comme un trait entre les deux poteaux. De toute l'équipe le centre est, avec le gardien du but, le joueur qui a le plus de responsabilités et par conséquent celui qui est le plus surveillé et attaqué ; c'est vers lui que se porteront à un moment donné les forces combinées de la défense. Il est, pour ainsi dire, le pivot sur lequel repose l'attaque ; il sera, il est vrai, moins harcelé tant que le ballon sera maintenu dans son propre camp, mais là encore il n'en reste pas moins le point d'appui de l'attaque. C'est alors qu'il devra saisir toutes les occasions qui se présentent de développer son système de tactique et de mettre en pratique le jeu de combinaison adopté par lui.

Le centre doit chercher, pendant l'avance simultanée de toute la ligne d'attaque, celle des deux ailes qui occupe la position la plus favorable pour pouvoir lui passer le ballon sans la moindre hésitation, au cas où il viendrait lui-même à être attaqué. Nous n'avons pas besoin d'ajouter ici qu'il est nécessaire de mettre beaucoup de discrétion et de précision dans la passe du ballon ; règle générale, si les exigences de la situation demandent à ce que le ballon soit passé, de loin comme de près, il est préférable de ne pas l'enlever, mais de le faire filer aussi près de terre que possible. En envoyant le ballon haut dans l'air, s'il fait un peu de vent, celui-ci peut tomber près des arrières du camp opposé qui s'en empareront d'une manière ou d'une autre. En outre, s'il est envoyé près de terre, il n'y aura pas de rebond, et celui à qui il est destiné en prendra possession sans perte de temps.

L'entente entre les cinq avants, centre et ailes, doit être complète ; sinon tout jeu de combinaison devient impossible. Les ailes sont divisées, on le sait, en aile droite et aile gauche ; chaque aile est formée de deux joueurs : *joueur en dehors* et *joueur en dedans*. Les qualités demandées de chacun d'eux diffèrent quelque peu ; ainsi les avants jouant sur l'aile gauche doivent pouvoir se servir facilement de leur pied gauche et *vice versa*. Le joueur en dedans de l'aile, celui qui par conséquent est le plus rapproché du centre, doit posséder jusqu'à un certain point les

mêmes qualités que ce dernier, sa mission étant
de maintenir les communications entre le centre
et l'extrémité de l'aile, car, on ne doit pas l'oublier, le but des avants est de maintenir aussi
complètement que possible la ligne des tirailleurs : pour nous servir d'une expression mili-
taire, ils doivent se sentir les coudes, c'est-à-
dire que lorsque l'un des joueurs est en possession du ballon, les autres doivent anticiper le
moment précis de la passe et juger quel sera
celui d'entre eux auquel le ballon sera passé.
Ce moment dépendra, jusqu'à un certain point,
de la position occupée par eux et des forces
que leur opposera l'ennemi.

Le joueur sur l'extrémité de l'aile, ou joueur
en dehors, doit être rapide, car les occasions se
présenteront souvent par lesquelles il pourra
utiliser sa vitesse; ainsi une longue passe,
venant soit du centre ou même de l'autre aile,
lui permettra de s'échapper sans crainte d'être
arrêté et d'arriver rapidement jusque dans les
derniers retranchements de l'ennemi. Les
avants jouant *en dehors* commettent souvent la
faute de garder trop longtemps le ballon,
dans l'espoir de pouvoir l'amener jusqu'aux

portes du but; ce retard permet presque toujours aux arrières du camp opposé de revenir
sur leurs pas pour défendre leur poste et l'attaque perd ainsi sa force et son opportunité. Un
joueur expérimenté prévoit, au contraire, cette
possibilité; il n'hésite pas à se séparer du ballon
en le passant au centre, avant que les arrières
aient eu le temps de reprendre position. Dans
l'attaque, l'équipe la plus dangereuse sera toujours celle qui montrera le moins d'hésitation
à passer le ballon, mais le jugement nécessaire
pour saisir l'opportunité de la passe ne s'acquiert que par la pratique.

Telles sont brièvement les qualités requises
des avants, ailes et centres; dans cet aperçu
nous nous sommes bornés à exposer leur rôle
dans le dribling et dans la passe : l'avant joue
également un rôle important et peut-être encore
plus compliqué dans la *défensive* : tel un
corps de troupes battant en retraite harcelé
par l'ennemi. Selon les circonstances il doit
essayer d'enlever le ballon en possession des
joueurs du camp opposé, soit en arrêtant un
dribling, soit en interceptant une passe, cherchant par tous les moyens qui s'offrent à

lui de reprendre l'offensive en harcelant ou en chargeant le joueur en possession du ballon. Ce rôle de l'avant n'est pas encore suffisamment compris par nos équipes. On peut considérer comme règle fondamentale que, lorsque le ballon a été amené près du but, les avants doivent harceler les arrières, et les gêner pour les empêcher de prendre possession du ballon.

C'est alors, lorsque la mêlée a lieu près du but et que les avants voient qu'ils ne peuvent dégager le ballon pour le faire avancer, qu'ils doivent le passer aux demis qui, eux, sont en meilleure position pour obtenir un but.

Les rapports des avants avec leurs coéquipiers peuvent être brièvement définis comme suit : ils doivent porter secours aux demis et les aider lorsque ceux-ci sont pressés par l'ennemi, de même que les demis doivent les seconder dans l'attaque. Les demis jouent un peu le rôle que jouerait en temps de guerre l'infanterie à cheval. Ils sont utiles dans l'attaque comme dans la défense et forment en sorte une ligne de communication, en cas de besoin, entre tous les avants.

Le dribling scientifique est bien moins nécessaire dans le Football moderne qu'il l'était autrefois; toutefois le joueur doit savoir se servir de ses pieds pour chasser le ballon devant lui, car les occasions de dribler se présentent encore souvent. De plus, le dribleur doit par des feintes avec le corps ou avec les jambes pouvoir tromper son adversaire sur la direction qu'il compte prendre ou donner au ballon, et les « trucs » employés dans ce but sont aussi nombreux qu'ingénieux.

Le dribleur ne peut échapper à l'attaque d'un adversaire qu'en suivant attentivement tous ses mouvements; s'il s'élance sur lui, l'adversaire l'évitera en se jetant de côté, tout en maintenant le ballon à portée; s'il s'arrête et attend son adversaire, celui-ci le passera rapidement en suivant la direction vers laquelle il se dirigeait en premier lieu; d'autres parviennent à envoyer le ballon d'un côté de l'adversaire et à passer eux-mêmes de l'autre côté pour rejoindre le ballon plus loin. Enfin, l'adresse et l'audace d'un bon dribleur n'ont pas de limites, car il fait aussi bien passer le ballon par-dessus la tête de son adversaire qu'entre ses jambes. L'expérience a toutefois démontré qu'un joueur, s'il a en face de lui des joueurs expérimentés, ne peut dribler longtemps, non seulement parce qu'une course de ce genre ne peut être prolongée, mais parce qu'il se trouvera écrasé par le nombre, à moins qu'un joueur plus adroit ne lui ait déjà enlevé le ballon. C'est ici que le jeu de la passe entre en ligne : si le dribleur se voit attaqué, il devra aussitôt passer de côté à un camarade en position de prendre le ballon et de continuer la marche en avant, et, règle générale, il ne doit essayer de passer un adversaire que lorsque toute communication avec le reste de son équipe a été coupée.

Ce qui précède prouve que le dribling n'est qu'un moyen secondaire ; toute la science du jeu d'avant réside dans la passe, mais surtout dans l'opportunité de la passe ; la direction avantageuse donnée au ballon, ainsi que la précision avec laquelle cette direction est donnée n'en sont que les moyens, variant suivant les péripéties d'une partie et la position des joueurs.

CHAPITRE V

DES DEMI-ARRIÈRES

La défense, telle que l'exige la tactique
moderne, est composée de trois demi-arrières,
deux arrières et un gardien du but. Si les
demis sont au nombre de trois, c'est par nécessité et par prudence. Les ailes d'une équipe
bien entraînée sauront toujours profiter large-
ment du privilège accordé par la règle, permettant à un joueur de recevoir une passe en
avant, sans pour cela être hors-jeu, tant que
deux joueurs et le gardien du but seront entre
lui et la ligne du but. Ces joueurs peuvent alors
attendre tranquillement en avant de leur propre
équipe, voire même derrière les demis du camp
opposé, que le ballon leur vienne, et alors,
n'ayant que trois joueurs devant eux, ils n'auront pas grandes difficultés à surmonter pour

arriver jusqu'au but. Afin de déjouer cette
manœuvre, il a été nécessaire de renforcer la
première ligne de défense par un des arrières
centre dont la mission est de soutenir et d'ap-
puyer la ligne des avants, tandis que les deux
autres demis placés sur les ailes sont chargés
de surveiller et arrêter les maraudeurs. En
outre, les fonctions des demis et des arrières
diffèrent peu, car, si ceux-ci sont spécialement
chargés de la défense, ceux-là sont parfois
appelés, momentanément, à les remplacer. Dans
la nouvelle tactique, l'un des arrières, on le
verra, a son poste derrière la première ligne de
défense, tandis que l'autre joue souvent avec
les demis, si bien qu'aujourd'hui une équipe
joue plutôt avec quatre demis et un seul arrière,
et cela encore pour pouvoir bénéficier de la
règle du hors-jeu.

Il ressort de ces dispositions que sur un
terrain ayant ses dimensions réglementaires,
il est impossible à seul arrière de se déplacer
as sezrapidement pour se transporter d'une aile à
l'autre, dans le but d'arrêter une longue passe;
dans ce cas ce soin incombe à l'autre arrière ou
même à l'un des demis s'il se trouve à proxi-

Heading.

mité; il se détache de la ligne des demis pendant que le premier arrière comble le vide de la première ligne de défense de son côté du champ, dégarnie par suite d'une plus grande concentration de la défense sur le point attaqué. Ce système a l'avantage de répartir plus également le travail de la défense, de déployer plus de forces sur un même point, soit pour arrêter une charge, soit pour permettre à la défense, ainsi moins surmenée, de suivre sa ligne d'attaque et combiner ses efforts avec elle.

Autrefois, les trois demis devaient à eux seuls arrêter la charge des cinq avants; entre joueurs de force égale, les forces n'étaient plus équilibrées et la ligne des demis était constamment refoulée sur les arrières. En outre, une équipe perdait beaucoup de terrain avant de pouvoir arrêter l'attaque, et parfois même cette retraite précipitée de la première sur la seconde ligne de défense occasionnait un certain désarroi, qui empêchait les demis de bien placer le ballon pour leurs avants. Si ceux-ci parvenaient à s'en emparer, les demis, fatigués par les assauts répétés qu'ils venaient de subir, étaient incapables de soutenir les avants dans l'attaque.

Telles sont les raisons qui ont milité en
faveur de la nouvelle disposition de la ligne de
défense; elle restera ce qu'elle est jusqu'au
jour où la règle du hors-jeu aura été modifiée.

Un bon demi, pour pouvoir remplir les fonctions qui lui sont confiées, doit être à même de
juger rapidement de la situation, afin de réagir
contre la tactique des avants du camp adverse;
il doit avoir beaucoup de rapidité dans la décision pour ne pas donner le temps aux ennemis
de se reconnaître. En somme, il joue les « uti-
lités » et doit pouvoir se rendre utile dans
l'attaque comme dans la défense. Les fonctions du demi sont par conséquent multiples.
Il doit être prêt à recevoir le coup d'envoi et
passer le ballon sans tarder aux avants de son
camp; il doit être un bon dribleur et un bon
passeur, bien entraîné à jouer ou frapper le
ballon de l'un ou l'autre pied suivant la position
qu'il occupe; il doit également pouvoir se
servir de sa tête pour renvoyer le ballon si
l'occasion s'en présente. On le choisira parmi
les plus agiles, car il sera souvent appelé à
enlever le ballon à un adversaire ou à le gêner
pour forcer celui-ci à le passer. Son jugement

lui dictera ce qu'il a de mieux à faire dans certains cas épineux : ainsi, si après avoir pris possession du ballon il se trouve dans l'impossibi-
lité de le passer avantageusement à l'un des
avants, il devra s'assurer rapidement s'il peut le
passer à un autre demi, sinon, il doit sans hésitation le passer à l'arrière le mieux placé pour
le jouer ; si, encore, il s'aperçoit que cette manœuvre est désavantageuse, il n'aura d'autres
ressources que de le dribler. Mais ce cas est
exceptionnel : règle générale, dans la défense
comme dans l'attaque, le demi doit éviter de
dribler et de frapper le ballon trop fort. Dans
la défense il sera parfois plus utile en harcelant les avants du camp opposé, en les arrêtant
qu'en se servant de ses pieds ; en somme, les
arrières ne peuvent réussir dans leurs fonctions de défenseurs qu'autant que les demis les
aident à repousser ou éloigner l'attaque des
avants.

Bien différent est le jeu des demis dans
l'attaque. On l'a vu, leur rôle est celui de sou-
tien des avants pour passer le ballon à celui
d'entre eux qui occupe la position la plus avantageuse, tout en prêtant la main aux arrières

dans la défense, comme ils le font pour les avants dans l'attaque. Les demis doivent éviter de donner de grands coups de pied au ballon, si ce n'est lorsqu'il se présente une occasion d'essayer de gagner un but.

Enfin, ce sont eux qui sont généralement les

Demi essayant d'intercepter une passe.

mieux placés pour remettre le ballon en jeu lorsqu'il tombe en touche. De nos jours, la règle oblige le joueur qui remet le ballon en jeu, de le tenir des deux mains en faisant face au terrain et de le jeter par-dessus la tête dans la direction qu'il estime la plus avantageuse pour son équipe. Autrefois, le ballon était jeté en ligne droite, comme pour le

« Rugby », et d'une seule main. La règle fut ensuite modifiée et au lieu de lancer le ballon à angle droit de la ligne de touche, le joueur fut autorisé à le jeter sur le terrain de jeu où bon lui semblait et en prenant un élan; mais certains joueurs acquirent bientôt une telle adresse qu'ils parvenaient à lancer le ballon jusqu'aux portes mêmes du but ennemi. On obligea le joueur à se servir de ses deux mains, puis, en 1895, on supprima l'élan. Le demi doit donc pratiquer l'envoi du ballon de la ligne de touche dans le jeu, avec promptitude et dans la direction du but ennemi. Parfois, il est plus avantageux de le lancer à l'un des arrières de son propre camp, ou encore à l'un des demis. si ceux-ci peuvent mettre à profit cette manœuvre. La règle interdit au joueur de jouer lui-même le ballon qu'il remet en touche avant qu'un autre joueur ne l'ait joué; mais s'il voit qu'en le lançant dans le jeu il ne peut en faire profiter son équipe, il peut tourner cette règle en jetant le ballon avec force contre un joueur du camp opposé, de façon à le faire rebondir, et alors il peut le jouer lui-même.

CHAPITRE VI

DES ARRIÈRES

On a vu par ce qui précède que, dans la tactique adoptée de nos jours, le rôle des demis est intimement lié à celui des arrières et que, si sur le papier ceux-ci sont au nombre de deux, dans la pratique l'équipe ne joue qu'avec un arrière, l'autre faisant fonction de demi. Toutefois les deux arrières doivent toujours combiner leur jeu de façon à ce que la ligne qu'ils sont appelés à protéger ne soit jamais dégarnie de défenseurs, et, si l'un d'eux est appelé à prendre l'offensive, l'autre devra rester sur la défensive. Par exemple : si l'un des arrières se voit forcé par les péripéties du jeu à se porter au-devant d'un des joueurs du camp opposé en possession du ballon, soit pour le charger, soit pour le gêner dans sa marche, il

doit pouvoir compter sur son camarade qui,
lui, s'occupera du ballon si l'autre venait à
manquer sa manœuvre. Le jeu des arrières
dépend en grande partie de celui des demis ;
ils devront agir selon la tactique adoptée par
cette première ligne de défense et particulière-
ment par celle du demi que l'arrière a devant
lui. Si le demi charge un des avants du camp
opposé et l'oblige à passer le ballon, l'arrière
se portera en avant de façon à pouvoir intercepter cette passe. En somme, les cinq joueurs
formant la ligne de défense devant le gardien
du but doivent adopter une même et seule tactique. L'arrière surveille le demi qu'il a devant
lui et le soutient ; si celui-ci charge un adversaire et le force à passer le ballon, l'arrière
manœuvre de façon à le lui enlever avant que
l'adversaire ait pu profiter de la passe. Il ne
doit jamais dribler, sauf en de très rares occasions, mais se débarrasser du ballon par de
forts coups de pied dans la direction de l'une
des ailes s'il est près de son but, sans le garder
plus longtemps qu'il n'est absolument nécessaire. Il doit donc pratiquer assidûment tous
les genres de coups de pied, — du droit comme

du gauche, lorsqu'il a à renvoyer le ballon devant lui, — par derrière, de côté, par-dessus sa
tête, haut en l'air et bas, à ras de terre, avec la
pointe, les côtés et le cou-de-pied. Il doit être
en mesure de pouvoir prendre possession du
ballon lorsque celui-ci lui vient de volée, ou de

Arrières protégeant le gardien du but.

demi-volée, l'arrêter net, avant de le frapper,
en le recevant sur le cou-de-pied. Mais avant
tout, il ne doit pas oublier qu'il est souvent plus
important de bien placer le ballon que de l'envoyer au loin. Ainsi, l'arrière, comme on le
voit, doit être très habile de ses pieds et aussi
de sa tête, afin d'être paré à toutes éventualités
pour protéger le gardien du but et lui porter

secours rapidement sans toutefois le gêner, bien
entendu. Son rôle est donc des plus compliqués
et de ce fait des plus fatigants, demandant de
celui qui en est chargé beaucoup de jugement,
de sang-froid, d'adresse et de courage. Seules
ces facultés pourront le guider lorsque, par
exemple, il sera appelé par les circonstances
à passer le ballon au gardien du but, manœuvre
quelque peu risquée, tout en veillant à ce que
celui-ci ne soit pas gêné par un adversaire qu'il
chargera au besoin.

En analysant le système de tactique adopté
par toute la ligne de défense, on remarquera
que chaque joueur marque un des avants du
camp opposé, les demis et les arrières décidant
entre eux celui qui marquera le joueur en
dehors ; le demi centre agit peut-être plus indé-
pendamment que les deux autres, tout en sur-
veillant l'avant centre plutôt que les autres
avants. Par exemple, supposons que l'attaque,
c'est-à-dire le ballon vienne de l'aide droite ;
l'arrière de gauche et le demi de la défense
marqueront les deux avants de l'aile droite,
l'arrière de droite se rapprochera de son camarade pour le soutenir en cas de besoin tout en

se maintenant un peu en arrière pour arrêter le ballon et s'en emparer dans le cas où celui-ci dépasserait l'arrière de gauche et le demi. Le demi centre marquera l'avant centre et le demi de droite occupera telle position qui lui permettra d'intercepter toute passe entre les avants de l'aile gauche. Ce système égalise mieux que tout autre les forces de la défense et permet d'utiliser les moyens de défense des arrières.

MM. A. M. et P. M. Walters, le meilleur couple d'arrières qui ait jamais joué dans une équipe, expliquent comme suit les avantages de ce système :

1° Dans la plupart des cas, il empêche les avants de prendre possession du ballon;

2° Si, par hasard, ils en prennent possession, cette disposition de la défense arrête tout jeu de combinaison des avants, car il n'y a pas, entre les arrières et les demis, d'espace libre sur lequel ils peuvent manœuvrer;

3° Il tend à mettre hors-jeu les avants du camp opposé et arrête tout maraudage; et,

4° Il demande de la part de la défense moins d'excellence individuelle et égalise ses forces.

CHAPITRE VII

DU GARDIEN DU BUT

Le rôle le plus important de toute une équipe est celui de gardien du but; sa mission est de défendre l'espace compris entre les deux poteaux, il a donc à employer une activité considérable dans cet espace limité. Le gardien forme à lui seul la dernière ligne de défense; sur lui convergent à un moment donné tous les avants ennemis ; il doit donc être choisi parmi ceux des équipiers les plus doués au point de vue du sang-froid, de l'agileté et de la taille.

Autrefois, le gardien défendait son but simplement en renvoyant le ballon par des coups de volée ou des coups tombés; aujourd'hui la tactique combinée des avants l'a obligé à modifier ses moyens de défense qui sont multiples.

Serré de près par l'attaque qui ne lui laisse
plus le temps de renvoyer le ballon avec le
pied, tous les moyens légitimes sont bons pour
dégager le but à n'importe quel prix, soit
en saisissant le ballon et en le jetant aussi
loin que possible, soit en le frappant du poing

Gain d'un but.

sans essayer de s'en emparer. S'il le jette, il
devra le faire de côté, jamais devant lui, car
plus le ballon est envoyé de côté, moins il est
facile aux joueurs du camp opposé de le faire
passer entre les deux poteaux du but, et il
devra opérer de façon à ce que le ballon tombe
à proximité de l'un des joueurs de son propre
camp qui s'en emparera et en le passant, l'éloi-
gnera du but.

Le gardien du but a donc, en vertu de la
règle qui l'autorise à faire usage de ses mains,
de nombreux moyens de défense à sa disposition. Son jugement, appuyé de beaucoup de
sang-froid, devra lui indiquer celui dont il
devra se servir avec le plus de chances de réus-
site. Règle générale, il ne doit jamais quitter
le terrain limité qu'il est chargé de défendre ;
toutefois, en de rares occurrences, il peut, s'il
juge cette manœuvre profitable, se porter au-
devant du ballon pour l'éloigner, au lieu de
l'attendre lorsque celui-ci arrive de son côté
appuyé d'une attaque combinée des avants.
Mais là, encore, son jugement doit être son
seul guide, car s'il a mal calculé la distance
qui sépare ses adversaires du ballon et celle
qui existe entre le ballon et lui, l'erreur est
irréparable et le but se trouve sans défenseur.

Le cas est moins dangereux lorsqu'un adversaire, après avoir dépassé la dernière ligne de
défense, s'avance seul en driblant ; le gardien
ne devra pas alors hésiter à se porter le plus
rapidement possible au-devant de lui pour
déjouer cette manœuvre, soit en lui prenant le
ballon, soit en le forçant à jouer. Il devra

même, si cette attaque le force à agir ainsi, se précipiter sur le ballon et le saisir des mains sans se préoccuper du joueur et des dangers de cette manœuvre qui, peut-être, entraînera la chute de l'adversaire. Il doit agir de même lorsque dans une mêlée le ballon se trouve en face et près du but.

Il suffit, on le voit, d'une seconde d'hésitation de la part du gardien pour qu'un but soit gagné ; il n'a pas le temps de réfléchir par deux fois, sa décision doit être rapide et sûre, suivie d'une mise en exécution aussi prompte que la pensée. On demande du gardien toutes les qualités que l'on est en droit d'exiger d'un bon joueur, jugement et sang-froid, agilité et force physique, et cette *soudaineté*, cette obéissance rapide des muscles à la volonté, qui permet de passer immédiatement de l'immobilité à l'action et à l'instant précis où l'esprit conçoit l'opportunité du mouvement. Cette soudaineté ne peut s'acquérir que par une longue pratique.

L'adresse individuelle est la première qualité demandée à un gardien du but ; bien que dépendant dans une grande mesure du jeu des

arrières, son jeu est le seul qui n'affecte pas
d'une manière appréciable celui de ses coéquipiers.

La taille et le poids sont de précieux avantages dont on doit certainement tenir compte
lorsque l'on fait choix d'un gardien du but ;
mais ces avantages ne suffisent pas pour qua-
lifier un joueur pour l'emploi de ces fonctions
importantes, et c'est à dessein que nous avons
énoncé dans l'ordre ci-dessus les qualités
requises d'un gardien, car souvent elles sont
mises de côté en faveur de ses qualités physiques ; il n'en est toutefois pas moins vrai
qu'un joueur de petite taille serait très handi-
cappé.

Chaque fois qu'il lui est possible de le faire,
le gardien du but doit se servir de ses mains ;
s'il veut se débarrasser du ballon, il doit l'arrêter avec les mains pour le renvoyer d'un coup
de volée ; cette manière de procéder est toujours
plus sûre que de donner un coup de pied dans
le ballon lorsque celui-ci roule à terre.

Il ne doit jamais se servir de son poing pour
renvoyer le ballon que lorsqu'il n'a pas le
temps de s'en saisir et de le frapper du pied ;

ce dernier moyen est toujours le plus sûr, car le coup de poing peut porter à faux et le ballon glisser, notamment s'il est mouillé. Ajoutons aussi qu'il est préférable d'attraper le ballon au vol que lorsqu'il rebondit de terre, car alors on est exposé à être trompé par un ricochet provenant soit d'une inégalité de terrain, soit de l'évolution du ballon.

Aussitôt que le gardien du but voit le ballon venir de son côté, soit qu'il soit driblé ou passé, il doit aussitôt prendre l'attitude du coureur sur le point de partir, c'est-à-dire le corps penché en avant, le poids du corps reposant sur la pointe des pieds et non sur les talons, afin de pouvoir évoluer dans toutes les directions que prendra le ballon au fur et à mesure que celui-ci, repoussé par lui et renvoyé par ses adversaires, lui viendra de droite et de gauche, haut ou bas. Il est vraiment merveilleux de voir un bon gardien défendre son but, harcelé de tous côtés, arrètant coup après coup venant en rapide succession, évoluant dans toutes les directions sans perdre son sang-froid, sa présence d'esprit et son équilibre. C'est principalement lorsque l'adversaire a, à la suite d'une infraction, obtenu un coup de pied de réparation (art. 13) que le gardien doit ouvrir l'œil, car alors le ballon est envoyé en face des deux poteaux, et le camp opposé fera tous ses efforts pour gagner un but — notamment par des coups de tête — en bousculant et en gênant le gardien à qui il faudra toute sa présence d'esprit, toute son énergie pour faire face à cette attaque venant de tous les côtés à la fois. Seul il lui est impossible de résister à de pareils assauts, c'est alors qu'il doit pouvoir compter sur tous ses coéquipiers pour lui venir en aide et dégager le but sans le gêner lui-même. Il doit alors être immuable à son poste, c'est-à-dire que chaque fois que le but est en danger, il doit rester entre les deux poteaux sans s'avancer même d'un mètre; le jeu est alors tellement rapide que le ballon peut passer entre les deux poteaux avant qu'il ait eu le temps de revenir sur ses pas.

Lorsque le ballon est remis en jeu après avoir passé derrière la ligne du but, le gardien du but doit de préférence le renvoyer à l'avant de son équipe le mieux placé pour le jouer.

Enfin, un dernier conseil : le gardien du but doit porter des gants garnis de caoutchouc à surface rugueuse pour que le ballon, s'il est mouillé, ne glisse pas entre ses mains, car il est alors plus lourd et plus difficile à saisir.

CHAPITRE VIII

DU CAPITAINE

Les nombreuses qualités que doit posséder un joueur pour remplir convenablement les fonctions de capitaine sont les mêmes requises d'un général; son équipe est une petite armée qu'il doit savoir commander, instruire et diriger et celle-ci doit avoir une confiance illimitée en lui. Une équipe qui a foi dans les capacités de son chef possède déjà un des éléments qui doit la conduire à la victoire, comme, d'autre part, la force de ces onze joueurs dépend en grande partie de l'habileté de leur capitaine à les faire manœuvrer et à se faire obéir. S'il n'a pas la confiance de ses hommes, il ne saura pas se faire obéir et pour qu'il puisse maintenir la discipline il doit avoir sur eux la plus grande autorité; car le succès dépend de l'obéissance passive des joueurs. Une équipe qui se permet de discuter les ordres et la façon de diriger le jeu de son chef ne fera jamais rien qui vaille, et comme celui-ci est responsable de la bonne conduite de ses équipiers, son autorité, tant qu'il est à leur tête, doit être absolue. Cet emploi nécessite donc des qualités toutes spéciales qui ne s'acquièrent pas : c'est un don de la nature; on naît bon général, on ne le devient pas et la science du commandement n'est pas donnée à tous. Aussi le choix d'un capitaine ne doit pas être fait à la légère et simplement en raison de son jeu personnel ou de ses bonnes relations de camaraderie. Une fois nommé, sa position doit être reconnue et acceptée de tous et ses ordres, pendant la partie, exécutés sans récriminations.

Le premier devoir du capitaine, une fois qu'il aura formé son équipe et qu'il aura distribué tous les rôles selon les aptitudes de chacun, sera de façonner les éléments parfois disparates dont il dispose et d'essayer d'en tirer le meilleur parti. Puis il étudiera les changements à apporter dans le jeu de l'attaque et de la défense, en tenant compte de l'esprit

des joueurs, de l'état du terrain, de la force
des adversaires. S'il est indispensable qu'une
équipe ait un style dominant, rien ne saurait
être plus mauvais que s'y tenir obstinément en
toutes circonstances. Il en est de même des
positions occupées par les joueurs; si le capitaine s'aperçoit que tel ou tel équipier n'a
pas les aptitudes voulues pour l'emploi qu'il
occupe, il doit le changer et lui donner un rôle
plus en rapport avec ses capacités. S'il trouve
dans son équipe des joueurs un peu lents, il doit
les encourager; ils s'emploieront bien plus s'ils
sentent l'œil du capitaine sur eux. D'autres, au
contraire, auront une tendance à jouer un jeu
personnel sans se préoccuper de leurs coéquipiers; d'autres encore sont trop sujets à s'em-
porter et à perdre tout sang-froid. Il faut à tout
prix les rappeler à l'ordre; de tels joueurs sont
dangereux, car les uns comme les autres met-
tent le désordre dans une équipe.

C'est donc en dehors des matchs que, réunis-
sant son équipe, il doit lui communiquer son
plan de bataille et l'expliquer par le menu; il
doit prévoir tous les cas qui peuvent se pré-
senter et indiquer la marche à suivre, de façon

que ses hommes n'agissent que par une seule
et unique pensée, la sienne. Après le match, il
expliquera à chaque joueur les erreurs de
tactique commises et les raisons pour lesquelles
telle ou telle manière de jouer est préférable
à toute autre. Une bonne démonstration vaut
mieux que dix réprimandes et l'on a tout à
gagner en faisant pénétrer sa manière de voir
dans l'esprit des joueurs. Il doit jouer lui-même
de son mieux sans chercher les occasions de se
distinguer. Il doit se munir d'une forte dose
de patience, et être entreprenant, ne craignant
pas le « qu'en dira-t-on » lorsqu'il croit utile
d'essayer une nouvelle tactique.

Pendant les parties, le capitaine doit occuper
une position qui lui permettra de tout voir; il
est donc préférable qu'il soit un joueur de
défense que d'attaque, demi centre de préférence. Ainsi placé, il saisira plus facilement et
plus rapidement les points faibles de l'ennemi,
tout en étant en mesure de surveiller ses
propres forces et d'en disposer le plus avantageusement possible.

CHAPITRE IX

CONSEILS

Préparation physique et entrainement. —
Tous les exercices physiques exigent un entraînement préparatoire, permettant au corps
d'accomplir l'effort demandé sans en ressentir
les effets, souvent déplorables pour la santé ;
celle-ci doit, au contraire, en éprouver un avantage. Dans le Football, que ce soit le « Rugby »
ou « l'Association », deux qualités essentielles
sont nécessaires : l'adresse et l'énergie physique. Le lecteur qui aura parcouru les pages
qui précèdent comprendra facilement que le
jeu de l'Association demande un déploiement
de forces non seulement considérable, mais
continu. Malheur à celui dont les forces vien-
draient à faiblir au milieu d'une partie : c'est

un homme perdu pour son équipe, il sera un embarras plutôt qu'un auxiliaire. Il est donc nécessaire que tous ceux qui pratiquent l'Association, qui veulent faire bonne figure dans une équipe, aient une préparation physique suffisante pour leur permettre d'y jouer sans en ressentir de trop grandes fatigues ; un joueur bien entraîné doit sortir d'un match « frais comme rose ».

La meilleure préparation est incontestablement le jeu même ; entre joueurs du même club l'effort physique est moins grand, la tension d'esprit est bien moins soutenue que dans les matchs inter-clubs où le joueur est appelé à déployer toute sa vigueur, toute son adresse et tout son savoir pour assurer la victoire à ses couleurs. Le joueur devra donc saisir toutes les occasions qui se présentent à lui pour faire de ces parties amicales qu'à juste raison l'on nomme « parties d'entraînement » ; c'est par elles qu'il acquerra graduellement l'endurance et la science du jeu dans ses moindres détails. Toutefois nous lui conseillerons de ne pas jouer plus de deux fois par semaine ; la fatigue qui suit un match est considérable et le surmenage est, peut-être, aussi funeste que le manque d'entraînement.

En dehors du jeu même, le meilleur moyen de se maintenir en état d'entraînement est de faire du sport pédestre, courses de vitesse et marche à grande allure, et comme les joueurs doivent être doués d'une certaine force physique, ils doivent pratiquer tous les exercices qui développent et assouplissent les muscles, tels que la lutte, la boxe et les haltères.

Le joueur qui tient à figurer dignement dans une équipe ne doit pas hésiter à laisser de côté tout ce qui est nuisible à la santé; toute préparation physique ne servirait absolument à rien s'il en détruisait les effets par une vie déréglée. Les longues veillées comme les grasses matinées, ainsi que les repas trop succulents, sont fatals à un bon entraînement.

La boisson, en dehors des repas, notamment ces boissons que l'on vend sous le nom trompeur d'apéritifs, engraissent et amollissent les muscles. Mais le pire ennemi du joueur est le tabac : pour jouer il faut avoir du souffle et si l'on fume l'on ne peut en avoir. Quant au régime alimentaire, nous maintiendrons ce qui a déjà été dit pour tous les autres exercices du corps : ne changez rien à vos habitudes et mangez de tout ce qu'il vous plaira, pourvu que ce soit sain et nourrissant, évitant de manger ce que vous ne pouvez digérer.

Le capitaine devra faire travailler individuellement chaque joueur de son équipe et perfectionner le rôle qu'il est appelé à jouer; tous les équipiers devront pratiquer les coups de pied dans le ballon, de la pointe, des côtés et du cou-de-pied; les arrières et le gardien du but devront en faire une étude spéciale ainsi que des coups de tête.

Hygiène. — Les exercices violents pratiqués en hiver sont, on le comprendra facilement, plus dangereux que ceux d'été. Une des accusations portées contre le Football est qu'il est un jeu malsain en raison des refroidissements qui peuvent survenir après un match. En prenant de simples précautions on évite facilement ces accidents. Il suffit, aussitôt que la partie est terminée, de se changer de la tête aux pieds, en se déshabillant dans un lieu sec; rien de plus malsain et, disons-le, de plus malpropre

que de garder sur soi des vêtements trempés
de sueur et de pluie. A défaut d'appareil à
douche, ou d'eau pour prendre un tub, il faut
se frotter vigoureusement tout le corps avec
une serviette rugueuse.

Habillement. — Le meilleur costume, le plus
pratique et le plus hygiénique à la fois, est

Fig. 2.

celui adopté par nos joueurs de l'Association :
il se compose d'une chemise de flanelle, d'une
culotte courte, de bas de laine et d'une paire
de bottines lacées et s'ajustant bien au pied
(fig. 2). Toutes autres chaussures doivent être
bannies : c'est à tort que l'on attribue au poids
de la bottine la force du coup donné au ballon ;
celui-ci dépend plus de la manière dont il est

donné que de la force employée. Les jambières peuvent être utiles aux débutants (fig. 3); quant à la casquette, elle est inutile; elle est plutôt gênante et si vous avez à donner des coups de tête le ballon glissera sur l'étoffe.

Fig. 3.

Conseils aux joueurs. — Pendant la partie, soyez calmes, silencieux et disciplinés, laissez parler le capitaine et sachez vous taire.

N'oubliez pas que l'Association est un jeu de combinaison, dans l'attaque comme dans la défense; mettez votre adresse personnelle de côté pour ne jouer qu'un jeu utile à toute l'équipe. En un mot ne jouez pas un jeu égoïste.

Le Football est un jeu violent : c'est, jusqu'à un certain point, ce qui en fait le charme et

la raison pour laquelle il s'est développé avec
tant de rapidité en France; notre jeunesse
aime le danger. Et pour cette raison, pourtant,
les joueurs doivent éviter tout acte brutal inten-
tionnel. Il est parfois nécessaire de charger,
mais on peut obtenir le résultat demandé en
chargeant avec modération. Il ne faut pas
charger inutilement; il suffit simplement de
gêner son adversaire pour le forcer à passer le
ballon ou en prendre possession.

L'avant ne doit pas se laisser tromper
par les feintes de celui qui joue le ballon;
il ne doit pas quitter celui-ci des yeux et
doit se placer devant lui pour arrêter un
dribling ou intercepter une passe. Il suffit
de gêner ou de bousculer, sans charger, un
demi ou un arrière sur le point de jouer le
ballon pour l'arrêter dans sa marche ou lui
faire manquer son coup. Il est sans doute
superflu de rappeler encore une fois ici, que les
avants doivent conserver le poste qui leur a
été assigné; car toute l'essence du jeu de combinaison tient entièrement dans l'application de
cette règle, un moment d'oubli et toute la
machine se détraque. Règle générale, chaque

joueur doit marquer un des joueurs du camp opposé et il est impossible d'obtenir ce résultat à moins que chacun d'eux n'occupe son poste. Dans la passe, nous croyons l'avoir déjà dit, le ballon doit être envoyé aussi près de terre que possible; elle est plus utile que lorsque le ballon est envoyé haut en l'air, et il est plus facile alors de l'arrêter, d'en reprendre possession, que lorsque, tombant de haut, celui-ci rebondit. En général une passe courte est moins dangereuse et plus facile qu'une longue passe et ce n'est que dans des circonstances exceptionnelles que l'on doit avoir recours à cette dernière.

En résumé, le jeu de l'avant est des plus complexes et, il ne faut jamais l'oublier, c'est par l'ensemble seul et par l'entente commune que les joueurs avants peuvent arriver à un bon résultat.

Nous avons dit quelque part que le gardien, pour sauver son but, ne doit pas hésiter à se baisser pour saisir le ballon sous les pieds même d'un adversaire, mais cette manœuvre ne doit être employée qu'exceptionnellement; nous déplorons la tendance qu'ont certains

joueurs de se servir de moyens d'attaque et
de défense — tels que celui-ci — qui, tout en
n'étant pas contraires à la règle, n'en sont pas
moins répréhensibles. Le Football en souffrira
matériellement dans la faveur publique, si
les capitaines n'emploient pas toute leur autorité pour réprimer cette façon questionnable
de jouer. Il en est de même de l'usage des
bras pour arrêter ou gêner un adversaire; la
fâcheuse habitude qu'ont certains joueurs de
se servir de leurs bras, amène toujours des discussions déplorables et les arbitres doivent la
réprimer sévèrement. Maintenez vos bras le
long du corps et vous supprimerez ainsi toute
envie de vous en servir.

Ne jouez pas trop près de vos coéquipiers;
laissez-leur toute la place nécessaire pour pouvoir évoluer à l'aise; vous éviterez ainsi les
mêlées qui créent la confusion. Toutefois il ne
faut pas que la distance entre deux joueurs
soit trop grande, et il est nécessaire de maintenir toujours, autant que possible, une distance
égale entre tous les joueurs d'une même équipe.

Ne vous placez jamais hors-jeu, et si par
hasard vous vous trouvez dans cette position,

gardez-vous bien de jouer le ballon ou de gêner un adversaire.

Ne vous permettez jamais de discuter une décision d'arbitre, même si cette décision vous était défavorable; seul votre capitaine a le droit en pareil cas de prendre la parole.

Puisque le mot arbitre nous est venu sous la plume, ajoutons ici quelques lignes sur cette personne dont les fonctions sont si ingrates. Les arbitres et les juges de touche ne sont pas infaillibles, et le Football tel qu'il est joué de nos jours est si rapide, qu'il leur est souvent matériellement impossible de suivre en courant les pérégrinations du ballon pendant plus d'une heure. Le fait même qu'on les a appelés à remplir ces fonctions devrait assurer le respect de leurs décisions. Aussi la législation a-t-elle bien fait de les armer d'un pouvoir suffisant pour arrêter toute conduite répréhensible et violente de la part d'un joueur. Leurs décisions sont finales et sans appel. Un bon arbitre doit donner ses décisions promptement et sans hésitation et ne jamais s'attarder à les discuter ou à donner les raisons pour lesquelles il a cru devoir les prendre.

8.

Le débutant fera bien, avant de se jeter dans la mêlée, de faire une étude approfondie des règles du jeu. Certains points toutefois ne sont pas, à notre avis, suffisamment explicites et peuvent prêter à l'équivoque. Il est vrai que, dans chaque équipe, il se trouve généralement de vieux joueurs expérimentés, connaissant la tradition; mais cette absence de réglementation peut amener dans certains cas des discussions fâcheuses, que l'arbitre ne peut pas trancher puisqu'il ne peut juger que d'après la règle. Nous allons brièvement commenter les points non définis par la règle.

Pour qu'un but soit gagné il faut que le ballon ait *passé* entre les deux poteaux, c'est-à-dire que le ballon *en entier* ait dépassé la ligne de but. Il en est de même lorsque le ballon a franchi la ligne de touche; il doit avoir dépassé cette ligne pour n'être plus en jeu et il n'est pas nécessaire qu'il ait touché terre avant d'avoir dépassé la ligne pour ne plus être en jeu.

La question du *hors-jeu* amène encore malheureusement de trop nombreuses discussions lorsqu'il s'agit de décider si un joueur a enfreint ou non la règle. Un joueur ne peut pas être hors-jeu à moins d'être devant le ballon et alors seulement s'il y a moins de trois joueurs du camp opposé entre lui et la ligne de but. C'est le fait d'*avoir moins de trois joueurs du camp opposé entre le joueur et la ligne de but*, le ballon étant joué par un des joueurs de son propre camp, qui constitue le hors-jeu, et le joueur n'est pas hors-jeu si le ballon a été joué (touché, frappé ou lancé) par un de ses coéquipiers qui, *au moment même où il l'a joué*, était plus près de lui que de la ligne de but du camp opposé. La difficulté provient de l'interprétation des mots en italiques; le moment où l'infraction a été commise dépend du moment exact où le ballon a été joué. Le joueur qui a moins de trois joueurs du camp opposé devant lui quand le ballon lui est envoyé par derrière et par l'un des joueurs de son propre camp, est hors-jeu au moment où le ballon est frappé du pied et ne peut se remettre en jeu tant que le ballon n'a pas été joué par l'un de ses adversaires ou par un joueur de son propre camp plus près du but ennemi que lui-même. Il ne peut non plus charger, ou gêner un joueur de

l'autre camp pour l'empêcher de jouer le ballon.
Voici un exemple de hors-jeu dans toute sa
simplicité et qui permettra de bien comprendre
la règle :

Un joueur (A) en possession du ballon se
trouve empêché par un adversaire (D) de jouer
le ballon ; il le passe à l'un de ses coéquipiers (B).
Celui-ci, dans la position où il se trouve au
moment où A lui a passé le ballon est-il hors-
jeu ou non? Il est hors-jeu, car à ce moment il
n'a pas trois joueurs du camp opposé entre lui
et le but. Si même B attendait, avant de jouer
le ballon, que le joueur du camp opposé se soit
replié de façon à être entre lui et la ligne de
but, cela n'eût rien changé à la situation, car au
moment où A a passé ce ballon, B n'avait pas
trois joueurs entre lui et la ligne de but. Le diagramme et l'explication ci-dessus résument
toute la difficulté du hors-jeu.

Dans une partie où les joueurs changent
comme les couleurs dans un kaléidoscope, les

cas de hors-jeu varient à l'infini : le lecteur trouvera, à l'appendice I, les cas qui se présentent le plus souvent. Les arbitres et les joueurs en feront leur profit en les étudiant et en s'en rendant bien compte; rien ne désorganise plus une partie que les réclamations fréquentes, à tort ou à raison, relativement au hors-jeu. Malheureusement il en sera toujours de même tant que la règle n'aura pas été changée.

Seul le gardien du but pourra *dans son camp*, pour défendre son but, frapper ou jeter le ballon de ses mains et bras, mais il ne pourra le *porter* (art. 8).

Qu'entend-on par « dans son camp »? L'interprétation la plus large peut être donnée à cette règle et l'on entend, par « dans son camp », la moitié du champ du côté où se trouve le but que défend le gardien. On remarquera en outre que la définition du mot « porter », donnée à la suite de la règle du jeu, veut dire que le gardien du but est autorisé à faire deux pas en portant le ballon, à partir de n'importe quel point il se trouve *lorsqu'il a pris possession du ballon*; toutefois, toute infraction à cette règle ne permet pas aux adversaires de

bénéficier du droit de réclamer un coup de
repération.

Le ballon qui touche l'arbitre ou l'un des
juges n'est pas mort.

Il est du devoir de l'arbitre de s'assurer que
tous les *coups francs* énumérés dans la règle
sont donnés d'après la règle et sans appel.
Ceci, toutefois, ne s'applique pas au ballon
lorsqu'il est remis en jeu, après avoir passé la
ligne de touche; il peut y avoir infraction à la
règle et pour cette raison appel.

Le ballon est en jeu après un appel et tant que
la décision de l'arbitre n'a pas été donnée. Lui
seul peut donner une décision et dans ce but
il est muni d'un sifflet au moyen duquel il
arrête la partie. Les juges de touche signifient
leur approbation sur un appel en levant leur
drapeau et, lorsqu'un drapeau est levé, l'arbitre
siffle s'il accorde la réclamation.

APPENDICES

APPENDICE I

DIAGRAMMES EXPLIQUANT QUELQUES CAS DE HORS-JEU

(ART. 6 DES RÈGLES)

● Joueurs attaquant le but.
○ Joueurs défendant le but.

1. Hors-jeu.

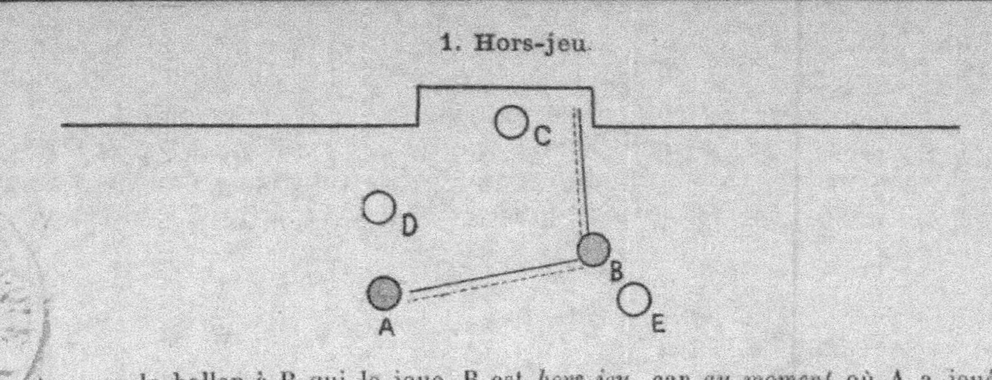

A passe le ballon à B qui le joue. B est *hors-jeu*, car *au moment* où A a joué le ballon B était plus près de la ligne de but que A et n'avait pas trois adversaires entre lui et cette ligne.

Si B attend que trois adversaires soient entre lui et la ligne de but, B n'en sera pas moins pour cela hors-jeu et ne pourra ni jouer le ballon, ni gêner un adversaire.

B sera hors-jeu tant que le ballon n'aura pas été joué, d'un point quelconque du champ ou par un joueur de son propre camp sur la même ligne que lui, ou plus près que lui de la ligne de but.

2. Pas hors-jeu.

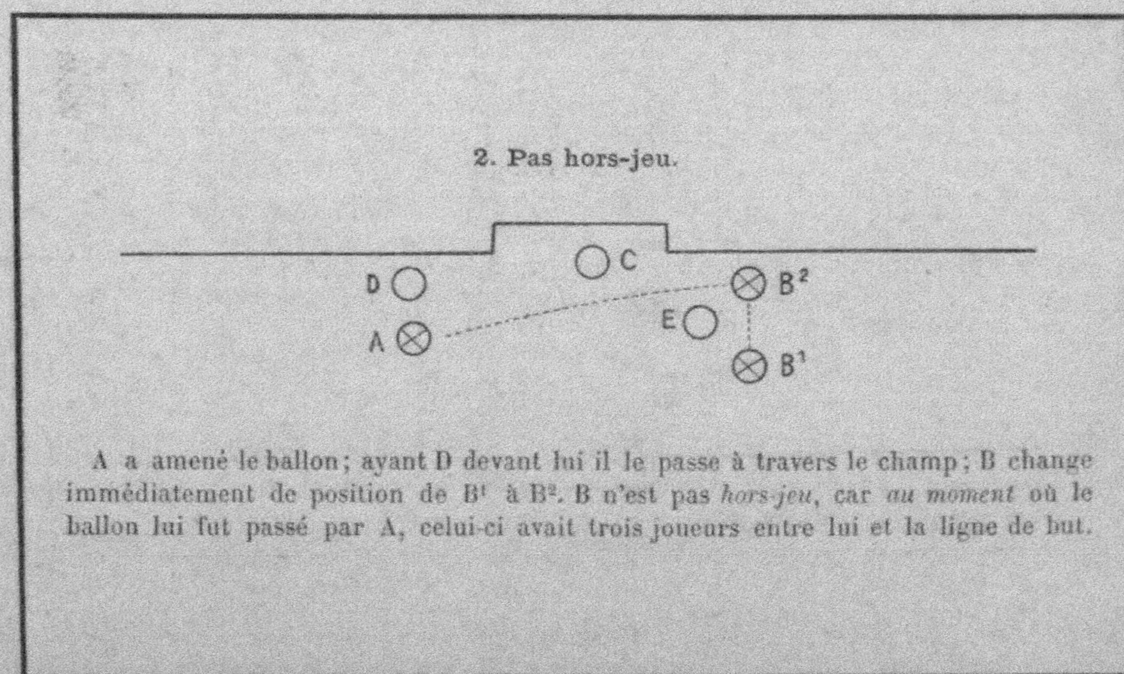

A a amené le ballon; ayant D devant lui il le passe à travers le champ; B change immédiatement de position de B¹ à B². B n'est pas *hors-jeu*, car *au moment* où le ballon lui fut passé par A, celui-ci avait trois joueurs entre lui et la ligne de but.

3. Hors-jeu.

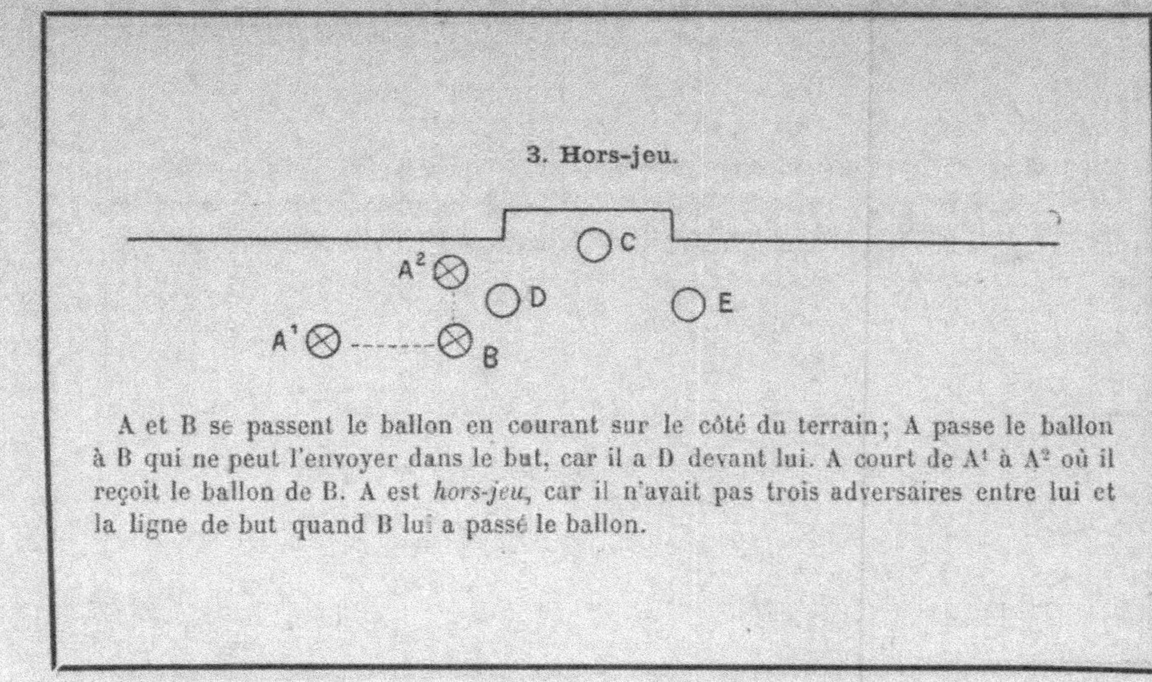

A et B se passent le ballon en courant sur le côté du terrain ; A passe le ballon à B qui ne peut l'envoyer dans le but, car il a D devant lui. A court de A¹ à A² où il reçoit le ballon de B. A est *hors-jeu*, car il n'avait pas trois adversaires entre lui et la ligne de but quand B lui a passé le ballon.

4. Pas hors-jeu.

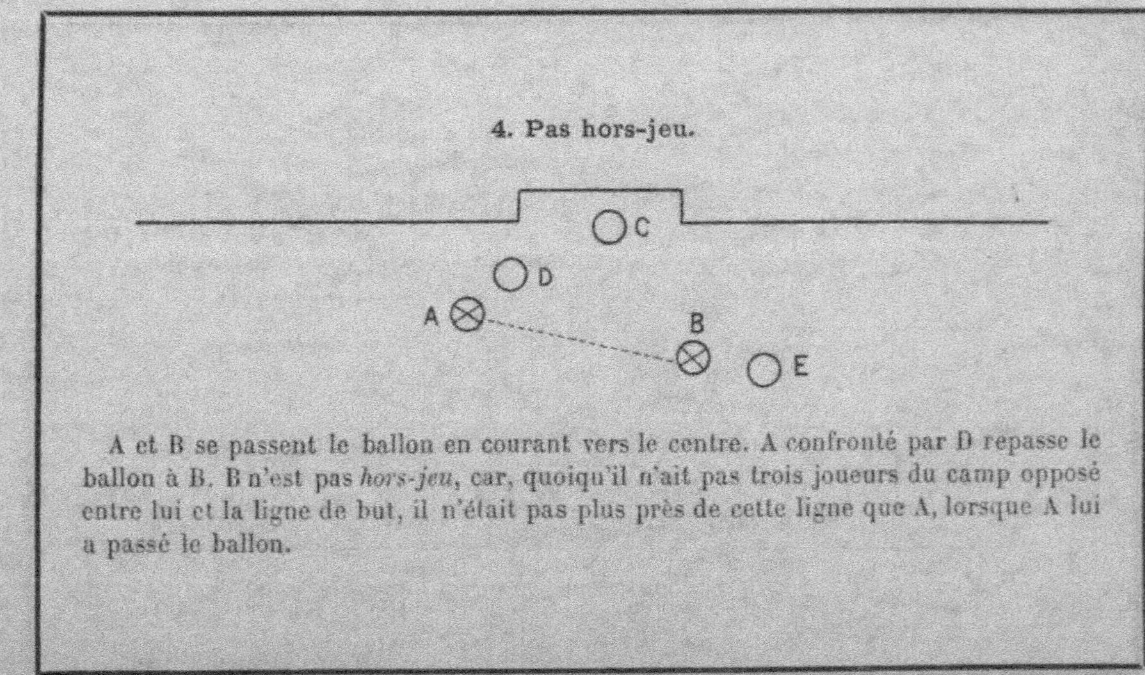

A et B se passent le ballon en courant vers le centre. A confronté par D repasse le ballon à B. B n'est pas *hors-jeu*, car, quoiqu'il n'ait pas trois joueurs du camp opposé entre lui et la ligne de but, il n'était pas plus près de cette ligne que A, lorsque A lui a passé le ballon.

5. Hors-jeu.

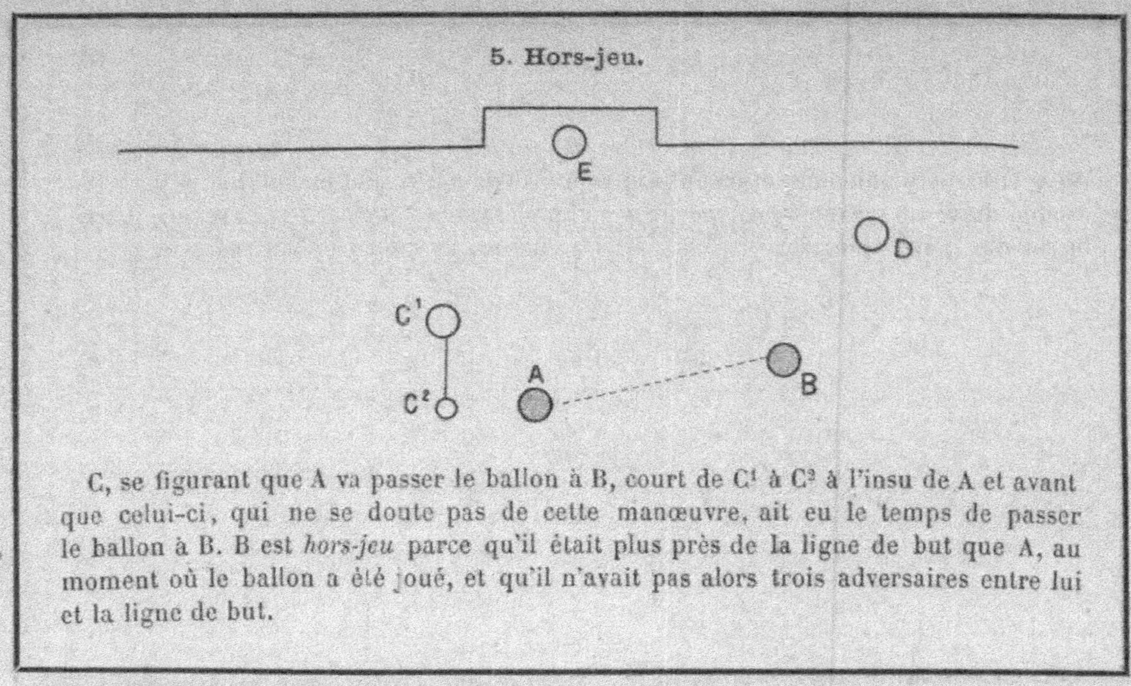

C, se figurant que A va passer le ballon à B, court de C^1 à C^2 à l'insu de A et avant que celui-ci, qui ne se doute pas de cette manœuvre, ait eu le temps de passer le ballon à B. B est *hors-jeu* parce qu'il était plus près de la ligne de but que A, au moment où le ballon a été joué, et qu'il n'avait pas alors trois adversaires entre lui et la ligne de but.

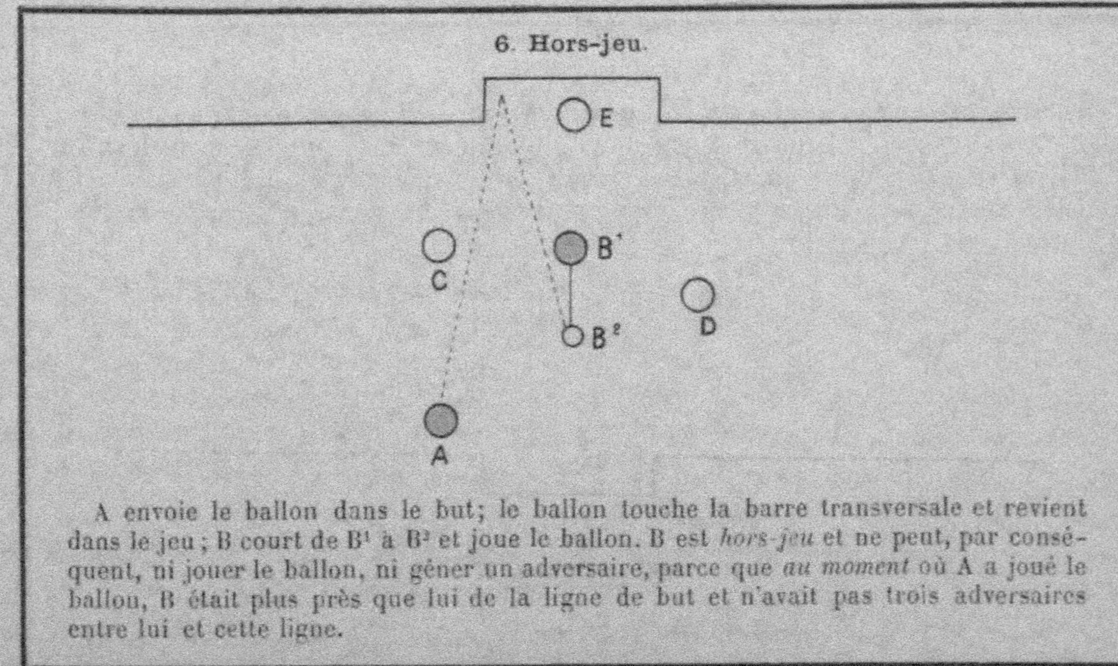

6. Hors-jeu.

A envoie le ballon dans le but; le ballon touche la barre transversale et revient dans le jeu; B court de B¹ à B² et joue le ballon. B est *hors-jeu* et ne peut, par conséquent, ni jouer le ballon, ni gêner un adversaire, parce que *au moment* où A a joué le ballon, B était plus près que lui de la ligne de but et n'avait pas trois adversaires entre lui et cette ligne.

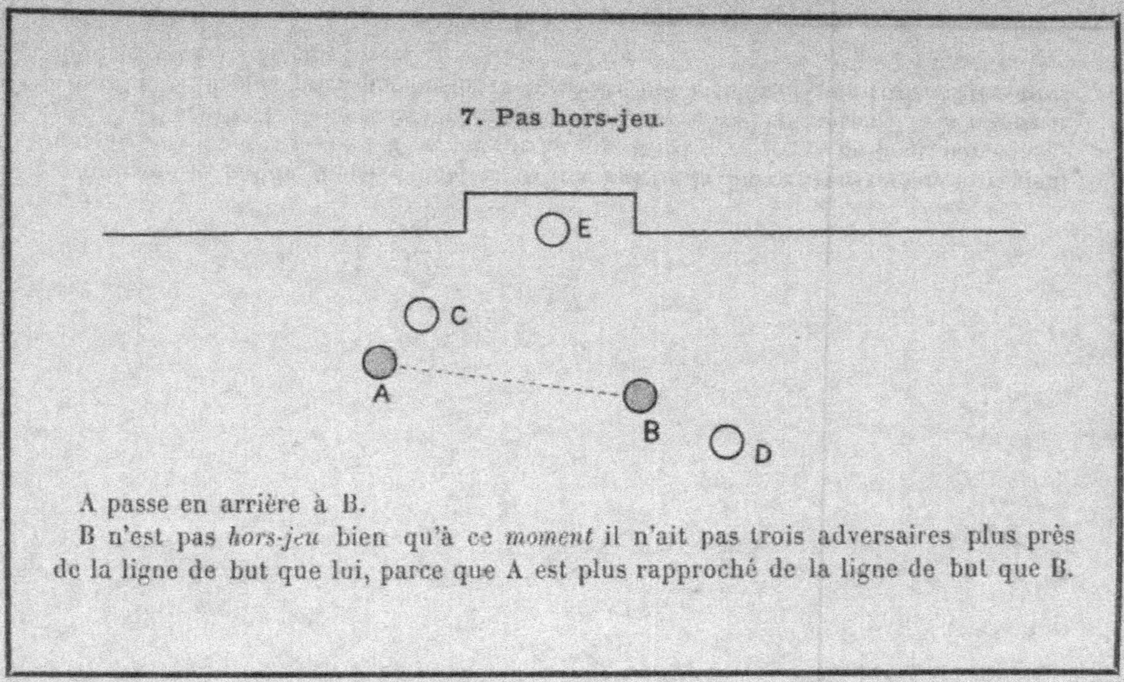

7. Pas hors-jeu.

A passe en arrière à B.

B n'est pas *hors-jeu* bien qu'à ce *moment* il n'ait pas trois adversaires plus près de la ligne de but que lui, parce que A est plus rapproché de la ligne de but que B.

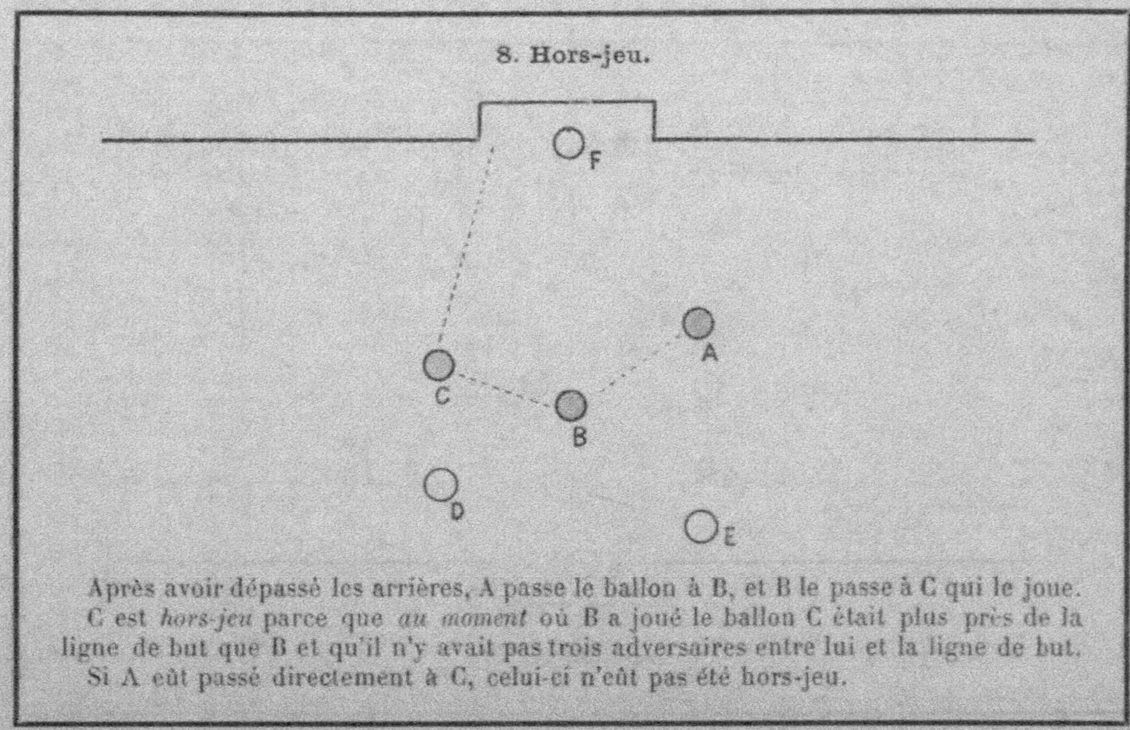

Après avoir dépassé les arrières, A passe le ballon à B, et B le passe à C qui le joue. C est *hors-jeu* parce que *au moment* où B a joué le ballon C était plus près de la ligne de but que B et qu'il n'y avait pas trois adversaires entre lui et la ligne de but. Si A eût passé directement à C, celui-ci n'eût pas été hors-jeu.

9. Pas hors-jeu.

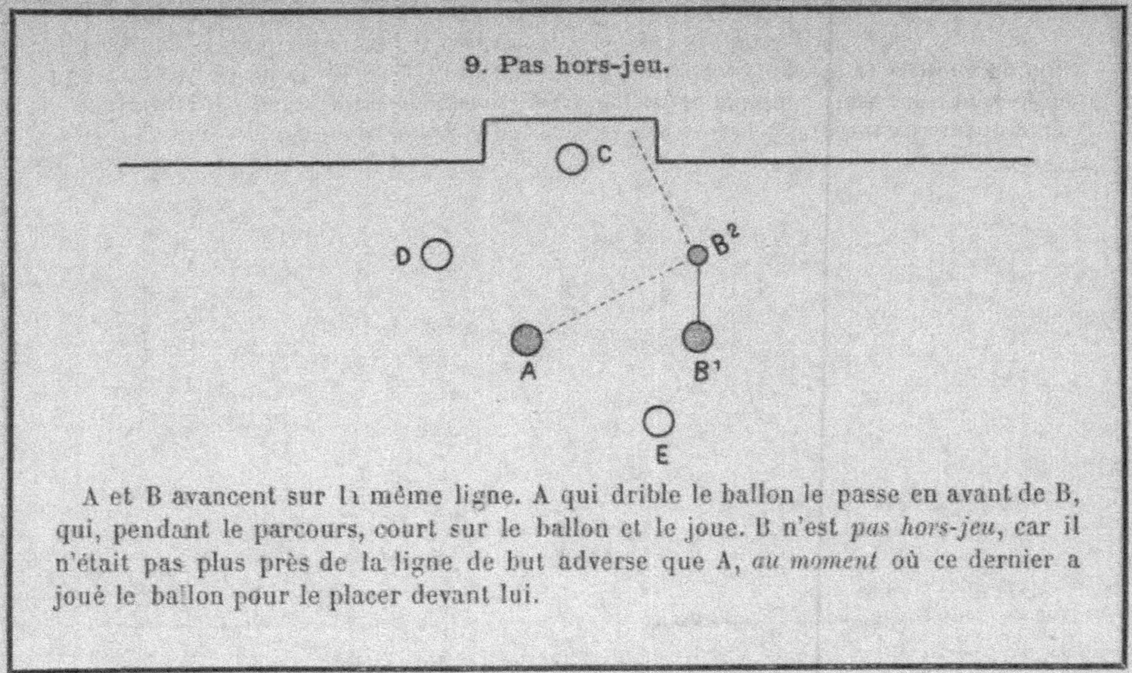

A et B avancent sur la même ligne. A qui drible le ballon le passe en avant de B, qui, pendant le parcours, court sur le ballon et le joue. B n'est *pas hors-jeu*, car il n'était pas plus près de la ligne de but adverse que A, *au moment* où ce dernier a joué le ballon pour le placer devant lui.

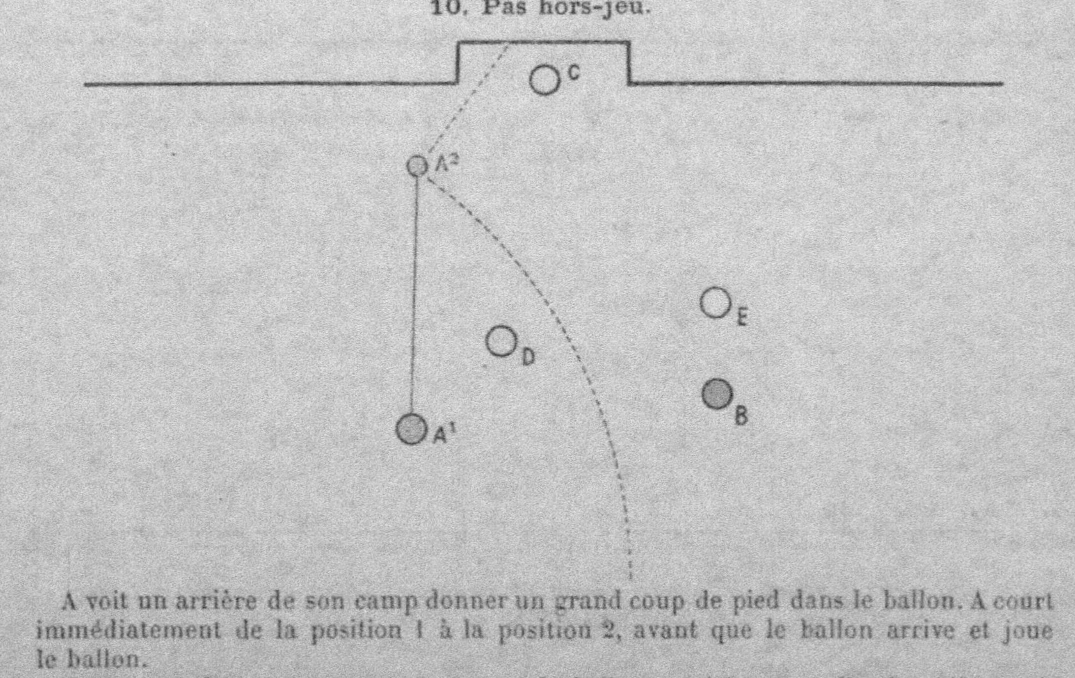

10. Pas hors-jeu.

A voit un arrière de son camp donner un grand coup de pied dans le ballon. A court immédiatement de la position 1 à la position 2, avant que le ballon arrive et joue le ballon.

A n'est *pas hors-jeu*, car *au moment* où le ballon a été joué par l'arrière, il y avait trois adversaires entre lui et la ligne de but.

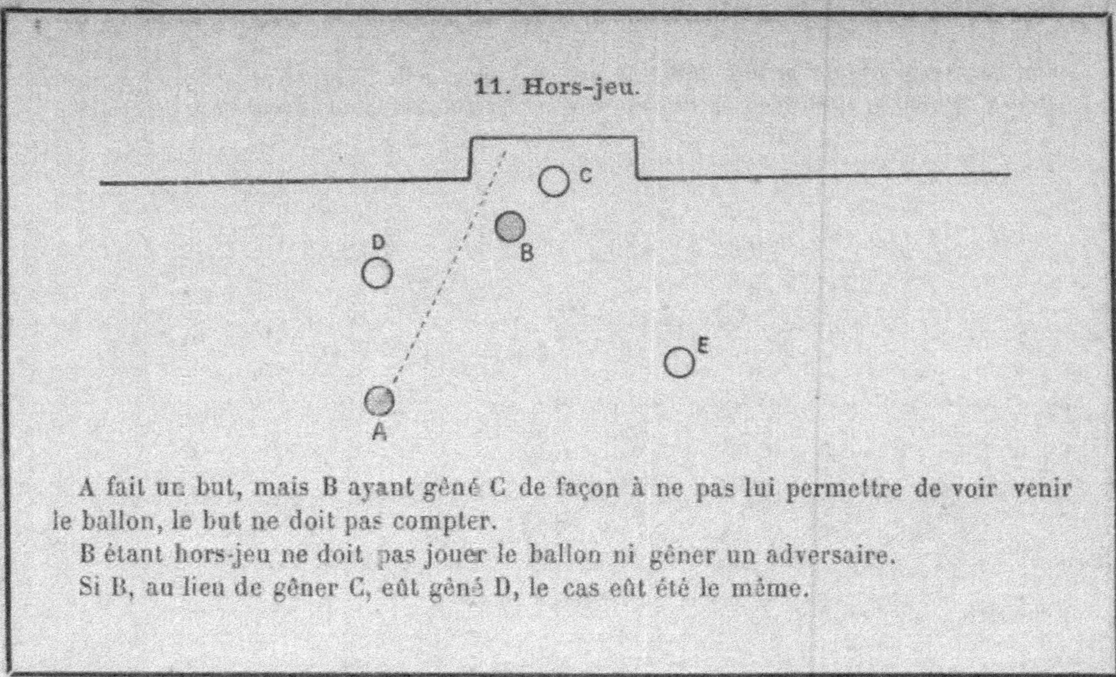

A fait un but, mais B ayant gêné C de façon à ne pas lui permettre de voir venir le ballon, le but ne doit pas compter.

B étant hors-jeu ne doit pas jouer le ballon ni gêner un adversaire.

Si B, au lieu de gêner C, eût gêné D, le cas eût été le même.

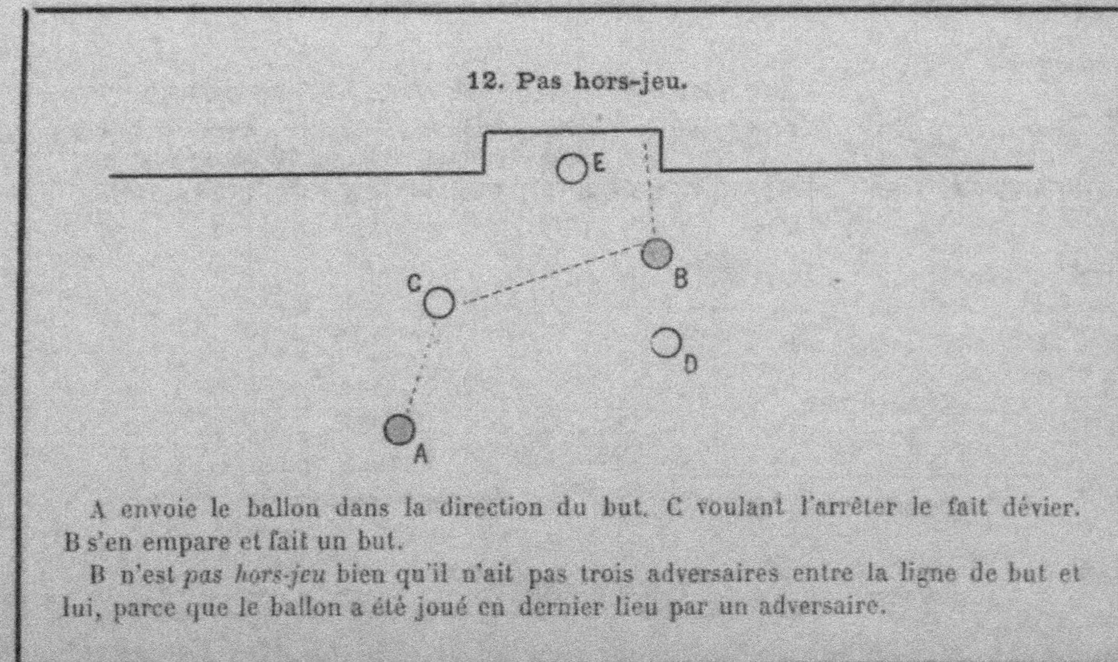

12. Pas hors-jeu.

A envoie le ballon dans la direction du but. C voulant l'arrêter le fait dévier. B s'en empare et fait un but.

B n'est *pas hors-jeu* bien qu'il n'ait pas trois adversaires entre la ligne de but et lui, parce que le ballon a été joué en dernier lieu par un adversaire.

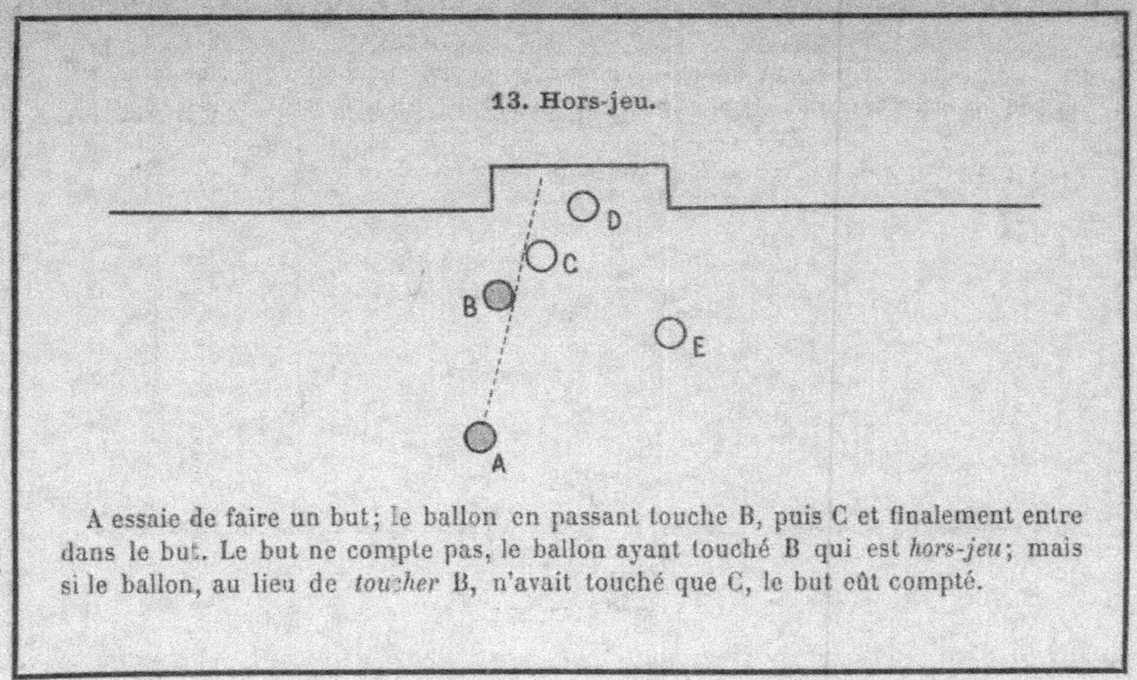

13. Hors-jeu.

A essaie de faire un but; le ballon en passant touche B, puis C et finalement entre dans le but. Le but ne compte pas, le ballon ayant touché B qui est *hors-jeu*; mais si le ballon, au lieu de *toucher* B, n'avait touché que C, le but eût compté.

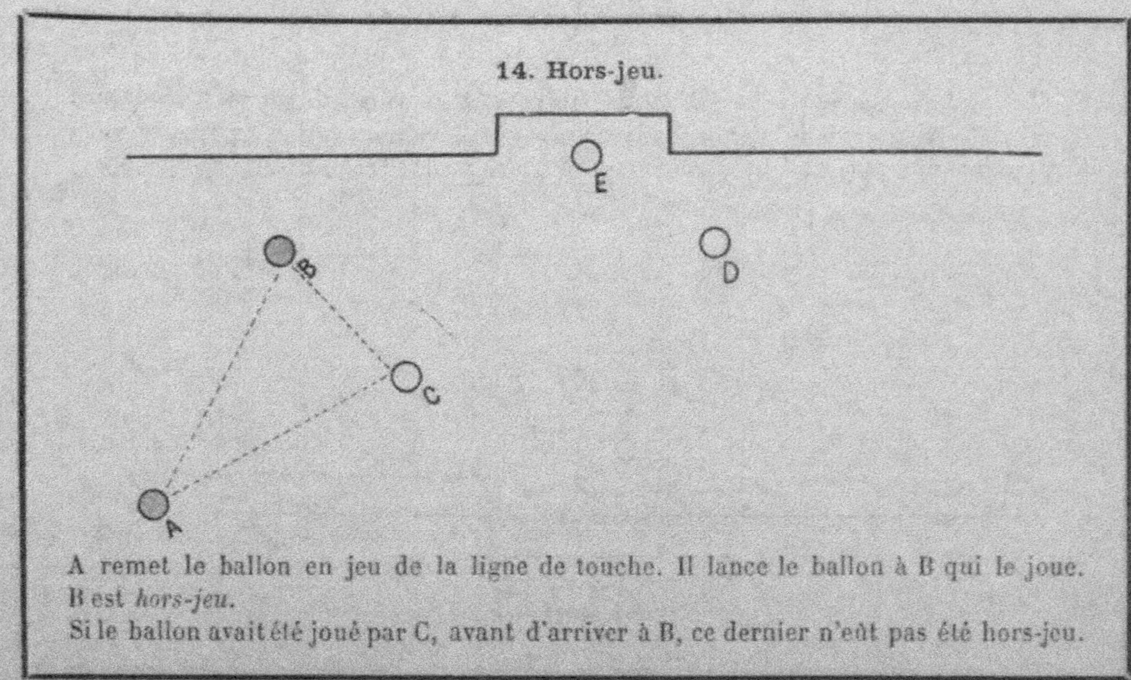

14. Hors-jeu.

A remet le ballon en jeu de la ligne de touche. Il lance le ballon à B qui le joue. B est *hors-jeu*.

Si le ballon avait été joué par C, avant d'arriver à B, ce dernier n'eût pas été hors-jeu.

15. Hors-jeu.

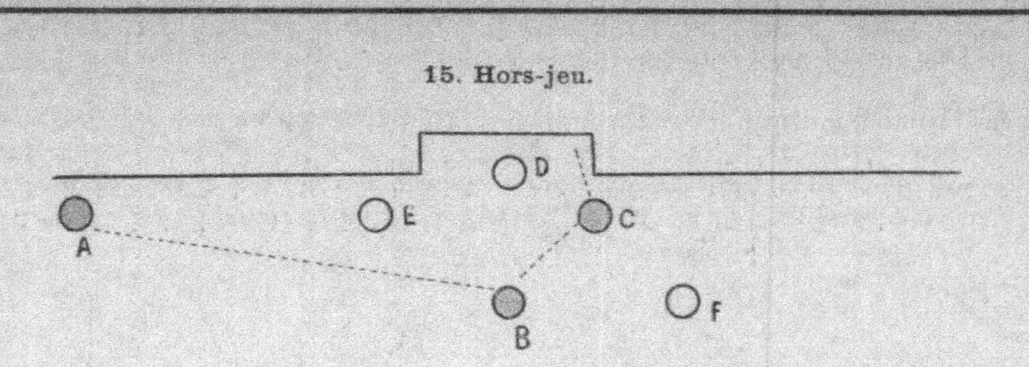

A donne un coup de pied de coin, il envoie le ballon à B qui le passe à C qui fait un but.

C'est *hors-jeu* parce qu'il était plus près de la ligne de but que B lorsque ce dernier a joué le ballon et qu'il n'y avait pas trois adversaires plus près de leur ligne de but que C.

Si B avait fait le but, celui-ci eût compté, car on n'est jamais hors-jeu dans le cas d'un coup de pied de coin.

16. Pas hors-jeu.

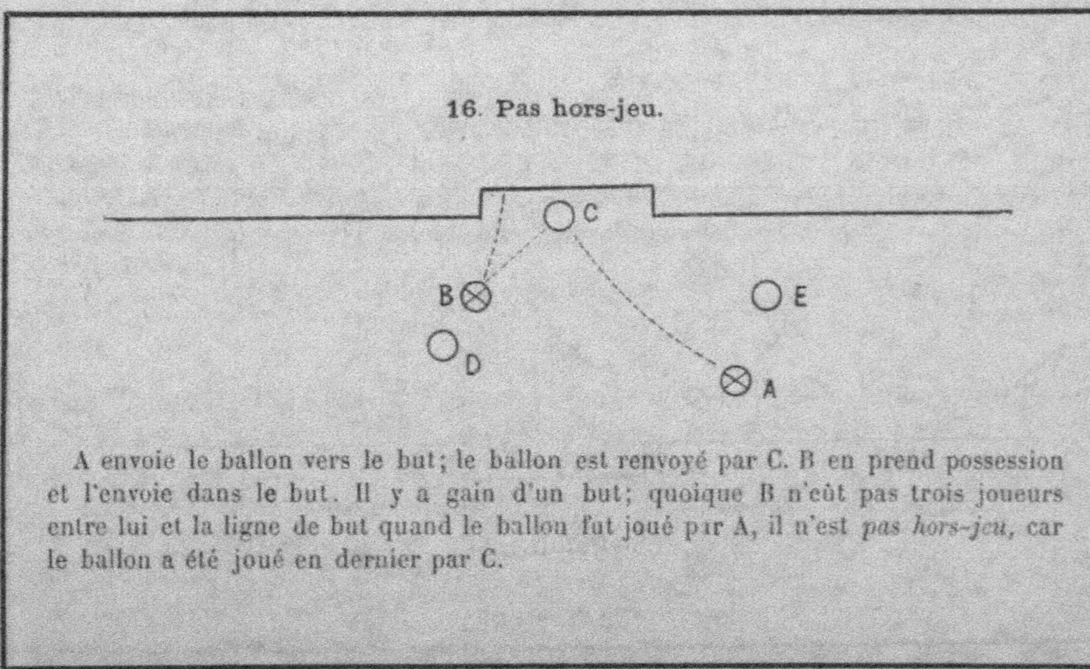

A envoie le ballon vers le but; le ballon est renvoyé par C. B en prend possession et l'envoie dans le but. Il y a gain d'un but; quoique B n'eût pas trois joueurs entre lui et la ligne de but quand le ballon fut joué par A, il n'est *pas hors-jeu*, car le ballon a été joué en dernier par C.

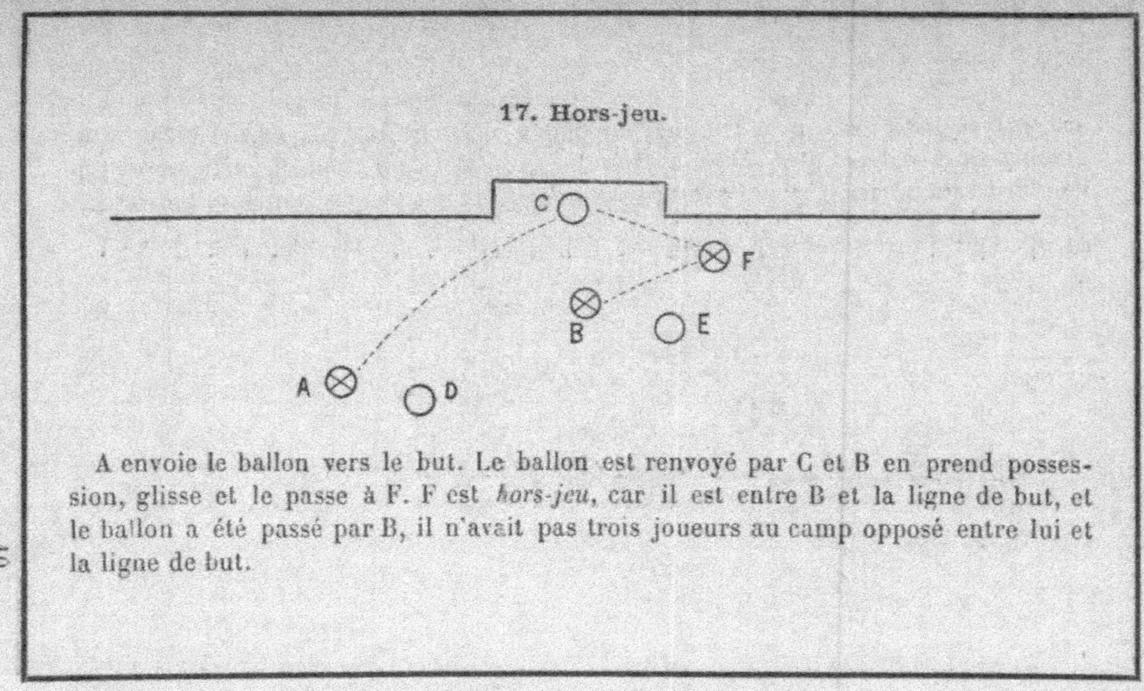

A envoie le ballon vers le but. Le ballon est renvoyé par C et B en prend posses-sion, glisse et le passe à F. F est *hors-jeu*, car il est entre B et la ligne de but, et le ballon a été passé par B, il n'avait pas trois joueurs au camp opposé entre lui et la ligne de but.

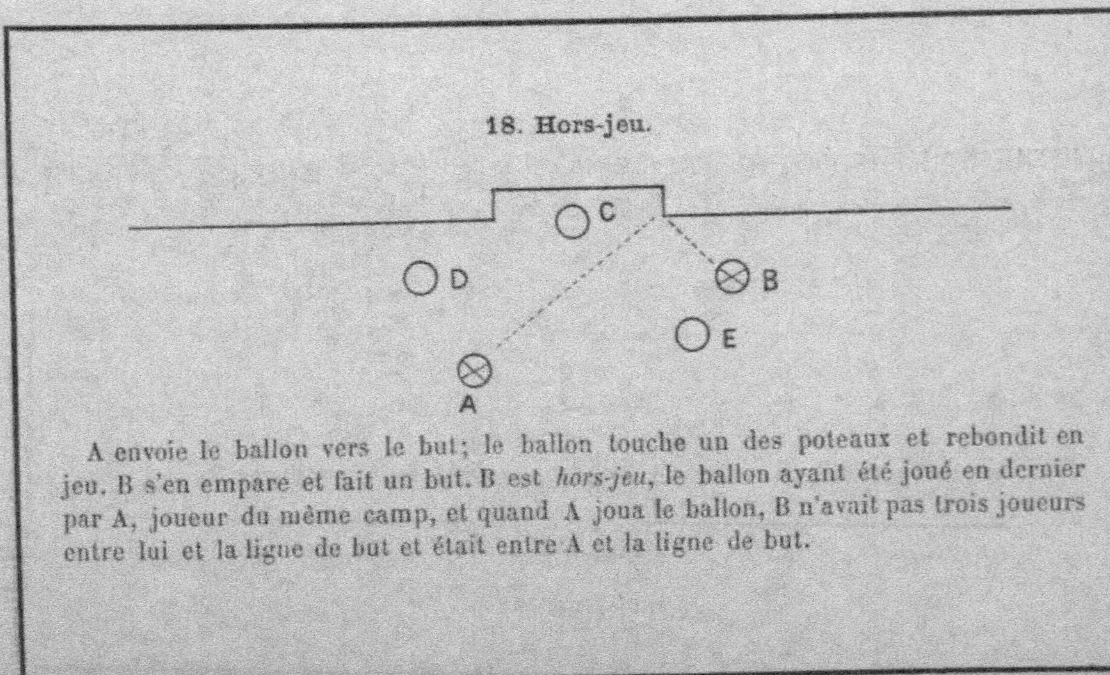

18. Hors-jeu.

A envoie le ballon vers le but; le ballon touche un des poteaux et rebondit en jeu. B s'en empare et fait un but. B est *hors-jeu*, le ballon ayant été joué en dernier par A, joueur du même camp, et quand A joua le ballon, B n'avait pas trois joueurs entre lui et la ligne de but et était entre A et la ligne de but.

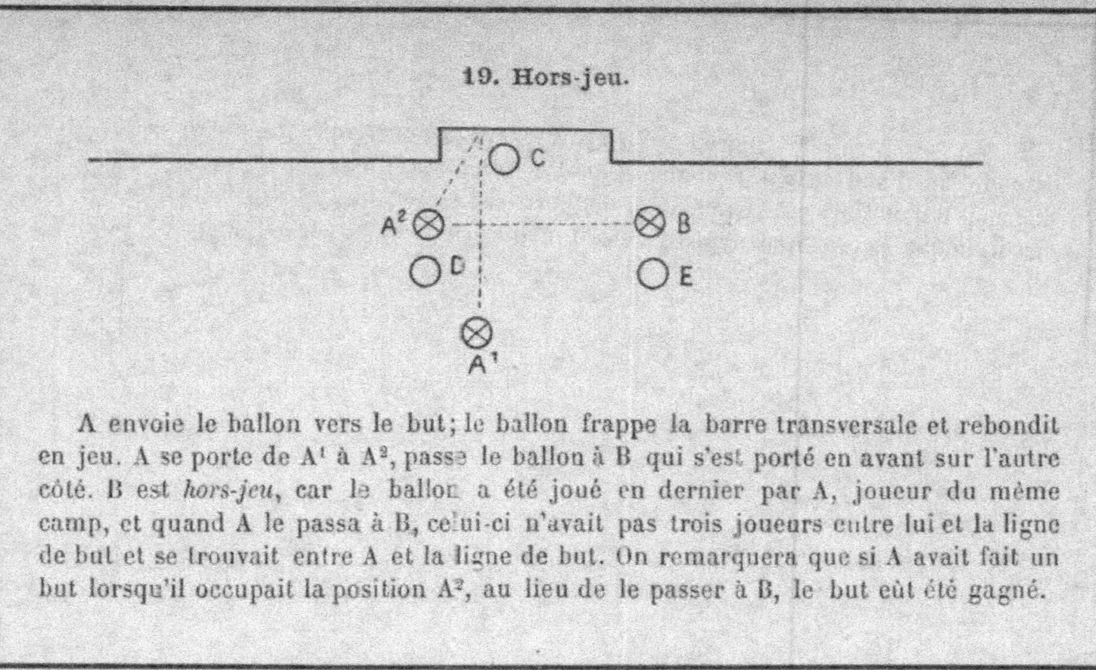

19. Hors-jeu.

A envoie le ballon vers le but; le ballon frappe la barre transversale et rebondit en jeu. A se porte de A^1 à A^2, passe le ballon à B qui s'est porté en avant sur l'autre côté. B est *hors-jeu*, car le ballon a été joué en dernier par A, joueur du même camp, et quand A le passa à B, celui-ci n'avait pas trois joueurs entre lui et la ligne de but et se trouvait entre A et la ligne de but. On remarquera que si A avait fait un but lorsqu'il occupait la position A^2, au lieu de le passer à B, le but eût été gagné.

APPENDICE II

RÈGLES D'ASSOCIATION

Adoptées par l'Union des sociétés françaises
de Sports athlétiques.

RÈGLES D'ASSOCIATION

ADOPTÉES PAR L'UNION DES SOCIÉTÉS FRANÇAISES
DE SPORTS ATHLÉTIQUES

ARTICLE PREMIER. — Le terrain de jeu devra avoir la forme d'un rectangle dont les dimensions doivent être :

Longueur maxima 180 mètres, minima 90 mètres
Largeur   —   90 —   — 45 —

Les limites du terrain doivent être marquées par des lignes de touche et de but indiquées par des drapeaux. On doit tracer parallèlement aux lignes de but une ligne divisant le terrain en deux parties égales et des lignes à 6 mètres des poteaux de but et à 12 mètres des lignes de but.

Le centre du terrain doit être indiqué par une marque apparente et de centre, on tracera une circonférence de 10 mètres de rayon.

Chaque but consiste en deux poteaux plantés verticalement sur la ligne de but à égale distance des lignes de touche, espacés de 7 mètres 30 centimètres et reliés à leurs extrémités supérieures par une traverse en bois à 2 mètres 40 centimètres du sol.

Le ballon doit être rond et mesurer de 68 à 70 centimètres de circonférence. Son poids doit être entre 370 et 425 grammes.

Le nombre de joueurs dans un match ne devra pas dépasser 11 par camp. Ils ne peuvent être remplacés une fois le jeu commencé [1].

Art. 2. — On tire à pile ou face : le gagnant a le choix du but ou du coup d'envoi.

Le jeu commence par un coup de pied placé, du centre du terrain, dans la direction du but adverse. Le camp opposé ne doit pas approcher à plus de 10 mètres du ballon ni aucun des joueurs ne devra passer la ligne du centre dans la direction du but adverse avant que le ballon ait été joué.

Art. 3. — La durée d'un match sera fixée d'avance (90 minutes effectives) et à la mi-temps les camps changeront de côté après un intervalle non compris dans la durée du match (de 5 à 10 minutes).

Quand un but est gagné, le côté perdant a droit au coup d'envoi. Après le changement de buts à la mi-temps, le coup d'envoi est donné par le camp opposé et conformément à l'article 2.

Art. 4. — Un but est gagné quand le ballon passe entre les poteaux et en dessous de la traverse sans être jeté, frappé ou porté par un joueur du camp attaquant.

Le ballon touchant les poteaux ou la traverse du but ou les poteaux de touche et rebondissant dans le jeu est en jeu. Le ballon est hors de jeu quand il franchit les lignes de touche ou de but.

Art. 5. — Quand le ballon est en touche, il sera remis en jeu, par un joueur du camp opposé à celui qui l'a fait sortir, du point où il a franchi la limite. Ce joueur doit faire face au champ et jeter le ballon par-dessus sa tête des deux mains dans n'importe quelle

---

1. Les équipiers sont ainsi répartis : 1 *gardien de but,* 2 *arrières,* 3 *demis et* 5 *avants.*

direction. Le ballon est en jeu quand il est jeté, mais il ne peut être joué par celui qui l'a lancé avant d'avoir été joué par un autre joueur.

ART. 6. — Quand un joueur joue le ballon ou le lance hors de touche tout joueur du même camp qui, à ce moment, se trouve plus près de la ligne de but adverse est *hors de jeu* et ne peut toucher le ballon ni empêcher en quelque manière que ce soit un autre joueur de jouer jusqu'à ce que le ballon ait été joué, à moins qu'il y ait, au moment où le ballon est joué, au moins trois des adversaires plus près de leur ligne de but. Mais un joueur n'est jamais hors-jeu dans le cas d'un coup de pied de coin ou de but, ou lorsque c'est un adversaire qui a joué le ballon en dernier.

ART. 7. — Quand un joueur fait franchir au ballon la ligne de but adverse, un joueur de ce dernier camp remet le ballon en jeu par un coup de pied de but à 6 mètres au plus du poteau de but le plus rapproché du point où le ballon a franchi la ligne de but.

Si un joueur fait franchir au ballon sa propre ligne de but, un joueur du camp adverse le remet en jeu par un coup de pied à 1 mètre au plus du poteau du coin le plus rapproché du point où le ballon a franchi la ligne de but.

Dans les deux cas les adversaires ne devront pas approcher à plus de 6 mètres du ballon avant qu'il soit joué.

ART. 8. — Il est défendu de porter, frapper ou toucher le ballon avec les mains et bras sous quelque prétexte que ce soit.

Seul le gardien du but pourra dans son camp, pour défendre son but, frapper ou jeter le ballon de ses mains et bras, mais il ne pourra le porter.

Le gardien du but peut être changé pendant le jeu,

mais il ne peut jamais en exister plus d'un à la fois et aucun joueur ne peut venir remplacer dans ses fonctions le gardien du but quand celui-ci quitte son poste.

Art. 9. — Un but ne peut être gagné par un coup franc (sauf dans le cas de l'article 13).

Le joueur qui donne un coup franc ne peut rejouer le ballon qu'après qu'il a été joué par un autre joueur.

Les coups de pied d'envoi, de but et de coin sont considérés comme coups francs.

Art. 10. — Il est expressément interdit de donner de coups de pied ou de faire des crocs-en-jambe à un adversaire, de le saisir, pousser ou gêner en quelque manière que ce soit avec les bras ou les mains, ou de le faire tomber en se baissant devant ou derrière lui, ou de jouer d'une manière capable de causer des blessures.

Il est défendu de charger un adversaire par derrière, sauf si ce dernier fait face à son propre but, mais, et dans l'opinion de l'arbitre, fait exprès de gêner un adversaire dans cette position. Il est défendu de charger le gardien du but à moins qu'il ne soit en train de jouer le ballon ou de gêner un adversaire.

Art. 11. — On ne doit porter sur les chaussures et jambières ni clous faisant saillie ni plaques de métal ou de gutta-percha.

Si l'on se sert de barre ou de crampons sur ses chaussures ils ne doivent pas dépasser la semelle de plus de 1 centimètre et demi et ce qui sert à les fixer ne doit pas faire saillie. Les barres doivent être transversales et plates et ne doivent pas avoir moins de 4 centimètres de long et 1 cent. 1/2 de largeur. Les crampons doivent être de forme ronde et avoir au moins 1 cent. 1/2 de diamètre. Ils ne peuvent être coniques ou pointus. Tout joueur violant ces règlements doit être immédiatement renvoyé du jeu.

Art. 12. — Un arbitre doit être désigné. Son devoir est de faire respecter les règlements et trancher tous les points discutés, et ses décisions relatives à des faits concernant le match qui se joue sont sans appel. Il prendra note des points faits et remplira les fonctions de chronométreur.

Si un joueur se conduit d'une façon répréhensible, l'arbitre pourra, après avertissement, le renvoyer du jeu et, en cas de conduite violente, sans aucun avertissement. L'arbitre devra transmettre le nom de ce joueur à l'Union, qui seule aura le pouvoir de juger son cas et de recevoir des excuses.

L'arbitre pourra terminer le jeu dès que pour une raison importante il le jugera nécessaire. Il devra en faire mention dans son rapport à l'Union.

L'arbitre pourra accorder un coup de pied franc sans réclamation, s'il juge que la conduite d'un joueur est ou peut devenir dangereuse, mais sans l'être toutefois assez pour justifier son renvoi.

Deux juges de touche seront désignés par les deux capitaines. Leur devoir (subordonné à la décision de l'arbitre) est de décider quand le ballon est en touche et quel camp a droit au coup de pied de but ou de coin, ou de lancer le ballon hors de touche.

Art. 13. — Si un joueur, situé à moins de 12 mètres de sa propre ligne de but, viole intentionnellement les articles 8 ou 10 de ces règlements, l'arbitre devra, sur réclamation, accorder un coup de pied de réparation, à donner d'un point quelconque situé à 12 mètres de la ligne de but, dans les conditions suivantes :

Tous les joueurs, sauf celui qui donne le coup de pied et le gardien du but (qui ne peut se porter à plus de 6 mètres en avant de sa ligne de but), doivent se tenir au moins 6 mètres derrière le ballon. Un but peut être gagné par ce coup de pied. Le ballon est en jeu dès qu'il a été joué. Le joueur qui a donné le coup de pied ne peut rejouer le ballon avant qu'il ait été joué par un autre joueur.

S'il est nécessaire, la durée du match doit être prolongée pour permettre de donner un coup de pied de réparation.

ART. 14. — En cas de réclamation pour une infraction aux règlements, le ballon reste en jeu tant qu'une décision n'a pas été prise.

ART. 15. — L'arbitre a le droit d'arrêter le jeu pour le temps qu'il juge nécessaire, s'il trouve que les circonstances l'exigent.

§ I. L'arbitre est seul chronographeur et a le droit de prolonger la partie pour compenser des suspensions imprévues.

L'arbitre est seul juge des faits et sans appel. On peut en appeler de ses interprétations des règles au Conseil de l'Union.

Il est interdit aux joueurs autres que les capitaines, sous peine d'exclusion, de discuter les interprétations de l'arbitre.

ART. 16. — Si, quand le jeu a été suspendu pour une cause quelconque, le ballon se trouvait dans les limites du terrain, il est remis en jeu à l'endroit où le jeu a été arrêté, de la manière suivante :

L'arbitre jette le ballon en l'air et nul n'a le droit de le jouer tant qu'il n'a pas touché le sol.

ART. 17. — Pour toute infraction aux articles 2, 5, 6, 8, 9, 10 ou 16, un coup de pied franc est accordé au camp lésé au point où l'infraction a été commise.

ART. 18. — Les deux capitaines peuvent convenir que l'arbitre sifflera toutes les fautes, sans qu'il soit besoin de réclamer.

Les joueurs ne doivent tenir aucun compte des réclamations de leurs adversaires, ni s'arrêter de jouer tant
que l'arbitre n'a pas sifflé.

Définitions.

A. — Le *coup de pied placé* est un coup de pied dans
le ballon posé à terre comme le joueur le juge bon.

B. — Le *coup de pied franc* est un coup de pied dans
le ballon quand il est à terre en n'importe quelle direction. Aucun adversaire n'a le droit d'approcher à plus
de 6 mètres, sauf toutefois s'il se tient sur sa ligne de
but. Le ballon, pour être considéré comme ayant été
joué, doit avoir au moins tourné une fois sur lui-même.

C. — Donner intentionnellement un coup de pied à
un adversaire constitue une faute.

D. — Faire *tomber un adversaire illégalement* consiste
à essayer ou de le faire tomber soit par l'usage des
jambes, soit en se baissant devant ou derrière lui. Si
un joueur fait tomber un adversaire illégalement sans
intention, on ne considérera pas qu'il y a eu faute et
aucune réparation ne sera accordée au camp adverse.

E. — *Frapper le ballon* est lui donner un coup avec le
bras ou la main.

F. — *Gêner* s'applique à toute obstruction d'un adversaire, avec la main ou par l'extension d'une partie quelconque du bras.

G. — *Toucher le ballon* est le jouer avec la main ou le
bras. Est considéré comme le bras tout ce qui dépasse
l'épaule.

H. — *Porter* est faire plus de deux pas en tenant le
ballon.

I. — *Touche* est l'espace entourant le terrain de jeu.

11.

J. — Les *juges de touche* doivent signaler à l'arbitre toute conduite répréhensible des joueurs.

K. — Lorsqu'un joueur mettant sa jambe par derrière un adversaire pour prendre le ballon, le fait ainsi tomber, un coup de pied franc doit être accordé au camp lésé pour croc-en-jambe.

L. — De porter du caoutchouc souple sur ses chaussures n'est pas une violation de l'article 11.

M. — Le poteau ne doit pas être déplacé pour prendre un coup de pied de coin.

N. — Le ballon tout entier doit avoir franchi la limite pour être hors de jeu.

O. — Si, après que la traverse est déplacée ou brisée, le ballon passe entre les poteaux de but à un point qui dans l'opinion de l'arbitre se trouve au-dessous de la traverse, c'est un but légitime.

P. — Si un joueur manque de respect à un arbitre, l'Union pourra le suspendre pour la période qu'elle jugera convenable.

Q. — Les rapports des arbitres doivent être transmis dans les trois jours qui suivent un match.

R. — Si le gardien du but porte intentionnellement le ballon à moins de 12 mètres de sa ligne de but, un simple coup de pied franc sera accordé pour cette faute.

S. — Le gardien du but n'est considéré comme défendant son but que lorsqu'il se trouve dans son camp. Par conséquent l'usage de ses mains lui est interdit dans le camp adverse.

T. — Le ballon franchissant la ligne de touche en l'air et le vent le ramenant dans le jeu, n'est plus en jeu.

OPINIONS DE LA PRESSE

Football (Rugby)

Par MM. DE SAINT-CLAIR et E. SAINT-CHAFFRAIS.

Cet ouvrage est essentiellement pratique ; il rendra aux footballeurs et aux amis de ce jeu, si intéressant et si viril, de très grands services ; les auteurs, chose rare, ont atteint le but qu'ils s'étaient indiqué : enseigner à la fois ce jeu et attirer l'attention sur les points défectueux. (*Le Temps.*)

Ce petit manuel, qui comble une lacune, fait honneur, par sa clarté et sa simplicité, à ses deux auteurs. (*Figaro.*)

La compétence des deux auteurs a fait de ce petit volume un *vade mecum* du joueur de football. (*Sports athlétiques.*)

Lawn-Tennis

Par Let.

Les débutants aussi bien que les bons joueurs trouveront dans ce précis fort intelligemment conçu les moyens d'apprendre le jeu et de s'y perfectionner. (*Figaro.*)

Nos joueurs de tennis nous sauront gré de leur avoir indiqué ce petit volume si utile, disons le mot, même si nécessaire. (*Sports athlétiques.*)

Sports athlétiques

Par « EOLE », FRANTZ REICHEL et L. MAZZUCHELLI.

Un succès aussi grand que celui qui accueillit les ouvrages précédents sur le tennis et le football, nous semble attendre le nouveau-né. (*Figaro.*)

Cet ouvrage contient de nombreux renseignements et conseils qui seront lus avec profit par toutes les personnes, débutantes ou non, qui s'adonnent aux sports. (*Jour.*)

Les auteurs ont traité avec beaucoup de compétence les questions se rattachant aux « sports athlétiques », et leur étude intéressera vivement tous ceux qui s'adonnent aux exercices physiques. (*Gil Blas.*)

Incontestablement le meilleur ouvrage écrit sur la matière. (*Paris-Vélo.*)

A useful little handbook. It contains much valuable counsel. (*New-York Herald.*)

Ce petit volume sera demain dans les mains de tous os athlètes. (*Sports athlétiques.*)

Natation

Par G. DE SAINT-CLAIR.

Ce petit ouvrage rendra de signalés services à cette époque de l'année où tant de gens peuvent, en rivière ou à la mer, s'exercer à nager. (*Figaro.*)

Le livre de M. de Saint-Clair est donc bien véritablement le livre d'actualité et cela, joint à la haute compétence de l'auteur, suffira pour que demain tous nos athlètes, avant de partir à la mer, s'empressent de l'acheter. (*Sports athlétiques.*)

Tout le monde doit savoir nager. L'auteur démontre

en quelques leçons la progression à suivre pour arriver aussi promptement que possible à se soutenir sur l'eau et à s'y mouvoir. (*Vraie France.*)

L'auteur expose les différentes manières de nager et les dangers qui attendent l'homme dans l'exercice de la natation et les moyens de les surmonter. L'ouvrage est terminé par un chapitre sur les courses dans l'eau et sur le water-polo. (*Soleil du Midi.*)

Le livre de M. de Saint-Clair est si goûté, si précis, si engageant, qu'en le parcourant on se sent l'envie de jeter ses habits aux orties de la côte et d'expérimenter, par la pratique, les leçons qu'il y donne avec tant de persuasion et de compétence. (*Midi-Sport.*)

Cette intéressante plaquette, traitée avec la compétence que s'est si justement acquise M. G. de Saint-Clair dans les sports, est accompagnée d'illustrations qui complètent les explications données par l'auteur. (*Vélo.*)

TABLE

APPENDICES